Landfrauen-KÜCHE

Die besten Rezepte für jede Jahreszeit

Bibliografische Information der Deutschen Bibliothek
Die Deutsche Bibliothek verzeichnet diese Publikation in
der Deutschen Nationalbibliografie; detaillierte bibliografische Daten sind im Internet unter http://dnb.ddb.de
abrufbar.

1. Auflage 2014, 8.000 Exemplare
© Verbraucherzentrale NRW, Düsseldorf, www.vz-nrw.de

Printed in Germany

Gedruckt auf 100 % Recyclingpapier

ISBN 978-3-86336-036-8

Landfrauen-KÜCHE

**Die besten Rezepte
für jede Jahreszeit**

Claudia Boss-Teichmann
Monika Mott
Marita van Koeverden-Göbel

Fotografiert von Christian Hacker

HOFLÄDEN UND LANDWIRTSCHAFTLICHE BETRIEBE

SO FINDEN SIE ADRESSEN IN IHRER NÄHE

In diesem Buch stellen wir Ihnen in drei Reportagen landwirtschaftliche Betriebe vor, die ihre Produkte direkt ab Hof vermarkten. Sie stehen stellvertretend für die große Anzahl von wahrscheinlich 30.000 bis 40.000 Höfen in Deutschland, die auf diesen Vertriebsweg setzen. Das entspricht rund 6 bis 8 Prozent der landwirtschaftlichen Betriebe. Ihre Anzahl ist stetig gestiegen, denn immer mehr Verbraucher gehen dazu über, ihre Lebensmittel direkt beim Erzeuger zu kaufen.

Am Beispiel der drei porträtierten Betriebe wollen wir zeigen, welche Menschen hinter den landwirtschaftlichen Produkten stehen, wie sie arbeiten und wie hochwertige Lebensmittel bei uns produziert werden können. Angesichts der großen Anzahl der Direktvermarkter ist klar, dass diese Höfe nur einen kleinen Ausschnitt der Vielfalt landwirtschaftlicher Betriebe zeigen können. Ihre Auswahl bedeutet nicht, dass ähnliche andere Betriebe eine schlechtere Qualität bieten. Vielmehr wollen die Reportagen Sie dazu anregen, Einkaufsquellen in Ihrer Region neu zu entdecken. Denn Sie haben die Wahl: Wenn Sie auf einem Hof die Bäuerin oder den Bauern selbst befragen, die Felder oder den Stall besichtigen, können Sie sich über die Erzeugung informieren und die Herkunft der Produkte nachvollziehen.

Manche Gemeinden oder Kreisverwaltungsbehörden haben Adressen von direktvermarktenden Betrieben zusammengestellt und es gibt regionale Vermarktungsportale, andernorts muss man selbst recherchieren.

Eine überregionale Suchfunktion bietet die Fördergemeinschaft „Einkaufen auf dem Bauernhof", in der sich Landwirtschaftskammern und regionale Bauernverbände zusammengeschlossen haben: **www. einkaufen-auf-dem-bauernhof.com.**

Wer Höfe sucht, die nach Richtlinien des Ökolandbaus produzieren, kann sich auf den Seiten der Bundesanstalt für Landwirtschaft und Ernährung bzw. des Bundes für Ökologische Lebensmittelwirtschaft (BÖLW e. V.) einen Überblick verschaffen: **www. oekolandbau.de/verbraucher/kaufen/ regionale-einkaufsfuehrer.**

Über diese Seiten lassen sich Adressen von Hofläden und Anbaubetrieben in Ihrer Nähe ermitteln.

Viel Freude beim Einkaufen!

Claudia Boss-Teichmann

LIEBE LESERINNEN UND LESER,

womit verbinden Sie die Küche der Landfrauen? Mit deftiger Hausmanns-kost und bodenständigen Gerichten? Mit Zutaten aus eigenem Anbau? Mit Qualität und Frische? Sie haben in jedem Fall recht, aber unsere Rezepte der Landfrauenküche haben noch mehr zu bieten: Sie sind auch leicht, überraschend und raffiniert. Für jeden Geschmack und viele Anlässe ist etwas dabei. Auch Vegetarier kommen auf ihre Kosten — über 40 Vor- und Hauptspeisen in diesem Buch sind ohne Fleisch.

Eine entscheidende Rolle spielt das Kochen mit Obst und Gemüse aus der eigenen Region, die gerade Saison haben. Auch in der Stadt lässt sich ohne Probleme entsprechend einkaufen. Ob Sie im Frühjahr den feinen Spargel verwenden, im Sommer die reifen Beeren, im Herbst einen deftigen Wildschweinbraten zaubern oder im Winter gesundes Sauerkraut zubereiten — langweilig wird das Kochen auf keinen Fall.

Soll es einmal etwas Besonderes sein? Auch das lässt sich mit der regionalen und saisonalen Küche hervorragend bewerkstelligen. Beispiele für komplette Menüs finden Sie am Ende jeder Rezeptsaison. So können Sie Ihre Gäste verwöhnen — zu jeder Jahreszeit!

Und noch etwas spricht für die Landfrauenküche: Man kann hervorragend Variationen ausprobieren sowie Spezialitäten anderer Länder integrieren. Leckereien der italienischen oder französischen Küche — wie die traditionelle Lasagne oder eine elegante Tarte — finden mit regionalen Abwandlungen ihren Platz in unserem Kochbuch. Ausdrücklich ermutigen wir Sie: Lassen Sie Ihrer Experimentierfreude freien Lauf. Die Landfrauenküche macht alles möglich — Hauptsache, es schmeckt Ihnen!

In diesem Kochbuch präsentieren wir Ihnen eine Auswahl unserer Lieblingsrezepte, die auch unsere Familien und Gäste schätzen. Wir kochen mit Leidenschaft — und freuen uns, wenn wir Ihnen dies vermitteln können.

Guten Appetit!

Monika Mott und Marita van Koeverden-Göbel

INHALT

EINKAUFEN und LAGERN

FRÜHLING

SOMMER

🌱 = vegetarisch

WINTER

HERBST

ANHANG

OBST UND GEMÜSE FRISCH VOM FELD

WIRTSCHAFTLICHKEIT UND HOHE QUALITÄT DER PRODUKTE: AUF DEM HOF DER FAMILIE BENZ KOMMT BEIDES ZU SEINEM RECHT.

Direkt neben dem Hof liegen Blumen- und Gemüsefelder – der Hofhund freut sich über den freien Auslauf.

sich auf Ackerbau, Gemüse und Obst zu konzentrieren. Rund um den Hof liegen die Ackerflächen, auf denen Getreide, Mais und Zuckerrüben angebaut werden. Wiesen liefern Heu, das zum Großteil an Pferdehalter verkauft wird. Das Getreide geht an eine nahegelegene Mühle und die Zuckerrüben kauft eine süddeutsche Zuckerfabrik.

Am Anfang: nur Spargel und Erdbeeren

Der Gemüseanbau und die Eigenvermarktung der Ernte sind für die Wirtschaftlichkeit des Hofs wichtig. Dieser Bereich hat sich in den letzten Jahrzehnten kontinuierlich entwickelt. Jutta Benz führte ihn auf dem Hof ein. Sie stammt selbst aus

F ährt man an einem sonnigen Julitag zum Hof der Familie Benz, führt der Weg vorbei an blassgold leuchtenden Getreidefeldern. Der Aussiedlerhof liegt in Südhessen, zwischen Odenwald und Rheinebene. 1966 wurde er außerhalb des zu Darmstadt gehörenden Dorfes Arheiligen erbaut, die Familie Benz

betrieb innerhalb des Orts schon seit Generationen Landwirtschaft. „Früher hatten wir auch noch Milchkühe", erzählt Jutta Benz. Aber ihr Sohn, der sich heute um den Ackerbau kümmert, sah für die Milchwirtschaft auf dem Hof keine Zukunft. Daher entschied sich die Familie schon vor einigen Jahren, die Viehhaltung aufzugeben und

Im Herbst sind die Erdbeerfelder schon längst abgeerntet (ganz links). Jetzt haben Gemüse wie Kürbisse, Zwiebeln und Kohl Saison.

einem landwirtschaftlichen Betrieb, auf dem Spargel angebaut wurde. Nachdem sie in den 1980er-Jahren hier eingeheiratet hatte, kam sie auf die Idee, auch auf diesem Hof den Spargelanbau zu versuchen. Die leichten Sandböden der Region eignen sich dafür ausgezeichnet. „Weil der Verkauf des Spargels an den Großhandel nicht so viel Erlös brachte, sind wir in die Eigenvermarktung eingestiegen", erzählt sie. Die Kunden schätzen es heute, wenn sie am selben Verkaufsstand auch Erdbeeren erstehen können, also ergänzte sie das Angebot entsprechend. Heute werden die Erdbeeren auf einem großen Feld in lan-

gen Reihen hinter dem Hof auf Hochbeeten angebaut: Die Beete sind mit schwarzer Pflanzfolie bedeckt, in die Löcher geschnitten werden, um die Pflanzen einzusetzen. Über einen Wasserschlauch werden sie bewässert. Das Pflücken und Schneiden der Ableger muss immer noch in Handarbeit erledigt werden. Da der Arbeitsanfall im Frühjahr besonders hoch ist, werden für die Spargel- und Erdbeerernte Saisonkräfte beschäftigt. Die Erdbeeren können die Kunden auch selbst pflücken. „Die Hochbeete verbessern den Ertrag und machen das Pflücken etwas bequemer", erläutert Jutta Benz.

Im Hofladen gibt's frische Produkte: das ganze Jahr über

Da immer mehr Kunden am Ende der Erdbeer- und Spargelsaison fragten, welches Angebot nun folge, entschied sich die Bäuerin, die Eigenvermarktung weiter auszubauen. Zunächst gab es nur einen Verkaufsstand im Freien, doch für das erweiterte Angebot war mehr Platz nötig. Daher baute Familie Benz einen Laden neben dem Hof. Dort wird jetzt rund ums Jahr ein breites Lebensmittelsortiment vertrieben. Zusätzlich verkauft Jutta Benz einmal in der Woche auf dem Wochenmarkt im benachbarten Langen.

Gleich neben dem Laden sticht ein Feld mit bunten Sommerblumen ins Auge, die als Sträuße verkauft werden. Der Kunde kann seinen Strauß auch selbst pflücken. Auf großen Gemüsefeldern nebenan wachsen Zucchini, Kürbisse, Zwiebeln, Lauch, Sellerie, Bohnen, Kartoffeln und Kohlsorten wie Rosenkohl, Wirsing oder Weißkohl. Jutta Benz möchte den Kunden ein möglichst umfangreiches Angebot aus regionalen und saisonalen Produkten machen: „Wir müssen die Leute auch hierher locken", sagt sie, ihr Hofladen liegt schließlich nicht an einer Durchfahrtstraße. Beispielsweise erweitern Eier und Hühner von einem benachbarten Hof sowie Rotwildprodukte aus dem mittelhessischen Ronneburg das Sortiment. Auch Milchprodukte, Müsli, Teigwaren und Wein finden sich in den Regalen. Das eigene Obst wird zu Marme-

TIPP Wenn Sie saisonales Gemüse und Obst im Hofladen kaufen, sorgt allein das für Abwechslung beim Kochen. Tipps für die Zubereitung oder interessante Rezepte bieten viele Bäuerinnen obendrein.

laden und Gelees verarbeitet. Aus den Erdbeeren produziert Jutta Benz zudem Erdbeersaft, der pur verkauft wird und außerdem von einem befreundeten Winzer zu Erdbeersecco verarbeitet wird.

Mit Qualität, Know-how und Leidenschaft

Der Kontakt zu ihren Kunden ist Jutta Benz wichtig. Der Hofladen nimmt zwar viel Zeit in Anspruch, da er von Dienstag bis Samstag geöffnet ist, in der Spargel- und Erdbeersaison sogar sieben Tage die Woche. Aber die Kunden kommen auch deshalb gern, um die Inhaberin persönlich zu treffen, einen Schwatz zu halten oder genauere Informationen über die Produkte zu erhalten. Jutta Benz gibt gern Auskunft über die Anbaumethoden: Der Betrieb legt besonderen Wert auf einen schonenden Umgang mit Ressourcen wie Wasser und Boden.

Die Arbeit im Betrieb ist nur zu bewältigen, weil die ganze Familie mithilft, auch die Großmutter, die für alle kocht. Mehr Ruhe gibt es im Winter – Jutta Benz freut sich auf den Januar und den ersten Urlaub seit fünf Jahren.

Selbst gemachte Marmelade, Blumen vom Feld oder Holzofenbrot sind nur einige der Produkte, die im Hofladen angeboten werden.

REGIONAL UND SAISONAL EINKAUFEN

FRISCHE, GESCHMACK UND UMWELTFREUNDLICHE ASPEKTE: REGIONALE UND SAISONALE LEBENSMITTEL ÜBERZEUGEN IN VIELERLEI HINSICHT.

Immer mehr Menschen möchten Gemüse und Obst nach Saison genießen und Lebensmittel aus dem näheren Umkreis einkaufen. Eine Forsa-Umfrage im Auftrag des Bundesministeriums für Ernährung, Landwirtschaft und Verbraucherschutz aus dem Jahr 2012 besagt, dass die regionale Herkunft mittlerweile sogar für 65 Prozent der Kunden bei der Kaufentscheidung wichtig ist.

Gerade beim Einkauf von Lebensmitteln wünschen sich offenbar viele ein überschaubares Angebot und transparente Entstehungsbedingungen. Am meisten Vertrauen entwickelt der Verbraucher, wenn er die Erzeuger persönlich kennt, sich vielleicht sogar auf dem Hof den Schweinestall oder die Gemüsefelder ansehen kann. Verbunden mit einem Schwatz beim Händler auf dem Markt oder mit der Landwirtin im Bauernladen macht der Einkauf außerdem mehr Spaß – Informationen über die Herstellung der Lebensmittel, Tipps zum Aufbewahren oder bewährte Rezepte erhält man quasi nebenbei.

Außer der nachvollziehbaren Herkunft der Produkte haben regionale Lebensmittel weitere Vorteile: Regionale Anbieter konzentrieren sich häufig auf Obst und Gemüse, das bei uns gerade Saison hat. Die Lieferwege sind kurz, die Ware ist frisch und die lokale Wirtschaft profitiert vom Kauf. Natürlich haben Lebensmittel auch aus anderen Teilen der Welt in unserer modernen Küche ihren Platz. Doch warum ein Produkt aus entfernten Regionen aller Welt importieren, wenn der Bedarf häufig auch regional gedeckt werden kann? Das saisonale Kochen mit überwiegend regionalen Lebensmitteln kann sehr abwechslungsreich und phantasievoll gestaltet werden. Lassen Sie sich von unseren Rezepten neue Ideen und Möglichkeiten geben, saisonale Lebensmittel Ihrer Region vielseitig zu verarbeiten!

Regionale Lebensmittel: nah und gut

Was verstehen Sie unter „Lebensmitteln aus der Region"? Lebensmittel aus Ihrer Heimatregion, beispielsweise aus Ostfriesland oder dem Nordschwarzwald? Oder Lebensmittel aus Ihrem Landkreis oder Bundesland? Oder ist vielleicht die Entfernung vom Heimatort das entscheidende Kriterium? Eine Umfrage im Auftrag der Stiftung Warentest im Juli 2012 ergab, dass Lebensmittel bei 57 Prozent der Befragten als „regional" gelten, wenn sie aus einem bestimmten Naturraum (zum Beispiel aus dem Spreewald oder Allgäu) oder aus einem bestimmten Landkreis stammen. Für weitere 23 Prozent gilt auch das Bundesland noch als Region. Die Mehrheit der Befragten erwartet außerdem, dass die Zutaten für das Produkt überwiegend aus der Region stammen und dass dieses ausschließlich dort produziert wurde.

Allgemein gilt aus Verbrauchersicht: Regionale Lebensmittel werden als Produkte „Aus der Region für die Region" definiert und dienen einer regionalen Nahrungsmittelversorgung. Die Produktion sowie Vermarktung dieser Produkte finden in einer geografisch eng abgegrenzten Region statt. Die Regionalität der Lebensmittel bezieht sich somit nicht nur auf die

Herkunft ihrer Rohstoffe und des Endprodukts, sondern auch auf den Ort ihrer Vermarktung, der sich in einer geografischen Nähe zur Herkunft befinden muss. Die Verbraucherzentralen sehen jedoch ein großes Problem darin, dass die Kennzeichnungen regionaler Lebensmittel unüberschaubar und für den Verbraucher verwirrend sind (siehe dazu: „Regionalität im Supermarkt erkennen", Seite 14).

DIE VORTEILE REGIONALER PRODUKTE

Die Frische der Lebensmittel, die Identifizierung mit der Heimatregion, der Überdruss am normierten, in ganz Deutschland weitgehend gleichen Angebot der großen Supermärkte sind Beweggründe für die wachsende Nachfrage nach regionalen Lebensmitteln. Und sicher spielt auch die Sehnsucht nach Heimat und Landidylle, die in den letzten Jahren zu einem Trend geworden ist, bewusst oder unbewusst eine Rolle. Doch welche Vorteile weisen regional erzeugte Lebensmittel tatsächlich auf?

Frische und Geschmack: Zwar ist auch bei regionaler Ware Frische nicht automatisch garantiert — denn wie lange der Salatkopf bereits im Regal liegt, hängt ja vor allem davon ab, wie die Verkaufsstelle damit umgeht. Die Chance, frische Lebensmittel zu erhalten, ist jedoch bei der regionalen Herkunft größer, da es keine langen Transportwege gibt. Morgens geerntet, vormittags beim Erzeuger gekauft — solche Frische bieten nur Obst und Gemüse aus der Region.

Besonders positiv kann sich der kurze Transportweg bei leicht verderblichen Obstsorten auswirken, die nach der Ernte nicht mehr nachreifen. Das sind Erdbeeren, Himbeeren, Brombeeren, Kirschen und gelegentlich auch Tafeltrauben. Solches Obst kann besser ausgereift geerntet werden, wenn es in der Region verkauft wird.

Umweltfreundlichkeit: Kurze Wege verursachen weniger Verkehr und belasten damit die Umwelt nicht so stark, angefangen von der Bodenversiegelung für den Straßenbau bis hin zu CO_2-Emissionen beim Transport. Allerdings sollte man berücksichtigen, dass nicht nur der Transport, sondern auch die Anbaumethode die Umweltbilanz beeinflusst – also ob die Früchte beispielsweise im Freiland oder im Gewächshaus wachsen. Regionaler Freilandanbau plus saisonaler Einkauf ist unter diesem Aspekt die günstigste Kombination.

Landschaftspflege und Erhaltung seltener Nutztierrassen: Ist es nicht schön, wenn Sie den Bauern persönlich kennen, der die Erdbeeren angebaut hat, den Spargel von einem Hof in der näheren Umgebung bezieht oder der Metzger Ihnen sagen kann, welcher Landwirt die Schweine aufgezogen hat, deren Fleisch Sie grillen? Allerdings sollten Sie dabei kritisch bleiben – Regionalität allein sagt noch nichts über die Anbaumethoden, die Aufzucht der Tiere oder die Qualität der Lebensmittel aus. Doch engagieren sich in der Direktvermarktung vor allem kleine Landwirtschaftsbetriebe, die meist auch einen Beitrag zur Pflege der Kulturlandschaft leisten. Manche fördern auch die Erhaltung regionaler und selten gewordener Nutztierrassen und Pflanzen.

DAS WARENANGEBOT

Welche Lebensmittel aus regionaler Herkunft sind überhaupt im Angebot? An erster Stelle sind natürlich frisches Obst und Gemüse zu nennen. Bei diesen schnell verderblichen Produkten wirkt sich ein kurzer Transportweg besonders vorteilhaft auf die Frische aus. In Bauernläden und auf Wochenmärkten bekommt man die Produkte direkt vom Erzeuger, sie wurden vielleicht erst am Tag des Verkaufs geerntet. Auch manche Supermärkte bieten je nach Saison Obst und Gemüse aus der Region an. Ebenso gibt es häufig Milch, Milchprodukte und Eier aus regionaler Herkunft, sei es im Supermarkt, im Hofladen oder auf dem Wochenmarkt.

Backmehle oder Getreideflocken sowie Nudeln finden Sie vor allem in Mühlen- oder Bauernläden. Naturkostläden und Supermärkte bieten zum Teil auch Produkte von kleineren Herstellern aus der Region an. Beim Brot sollten Sie nachfragen, denn es ist nicht garantiert, dass der lokale Bäcker auch Getreide aus der Region verwendet. Viele Bio-Bäcker jedoch legen nicht nur Wert auf gentechnikfreies Getreide, sondern auch auf dessen regionale Herkunft.

Das Gleiche gilt für Fleisch und Wurst. Nur wenige Discounter bieten Fleisch aus regionaler Herkunft an. Wie sieht es bei Ihrem Metzger um die Ecke oder bei der Fleischtheke im Supermarkt aus? Fragen Sie gezielt nach, wenn Ihnen die Herkunft wichtig ist.

DIE EINKAUFSORTE

Die erste Wahl für den Einkauf regionaler Produkte sind die Hofläden und Wochenmarktstände der direkt vermarktenden Bauern. Auch die meisten Händler, die auf Wochenmärkten vertreten sind, bieten Produkte von regionalen Erzeugern an. Hier können Sie Fragen zu den Anbaumethoden und zur Tierhaltung stellen bzw. sich davon vor Ort selbst ein Bild machen. Wenn Sie selbst wenig Zeit zum Einkaufen haben: Vielleicht ist ein Lieferservice interessant, den Direktvermarkter und Bioläden häufig anbieten.

REGIONALITÄT IM SUPERMARKT ERKENNEN

Begriffe wie „Region" oder „Aus der Heimat", mit denen Lebensmittelhersteller ihre Produkte gelegentlich bewerben, sind nicht gesetzlich definiert. Daher sollten Sie genau hinschauen und prüfen, ob sich hinter den Begriffen wirklich eine regionale Herkunft verbirgt. Leicht ist das allerdings nicht, weil viele Siegel weniger aussagen, als man meint.

EU-Herkunftszeichen: Es gibt zwei von der EU vergebene Siegel, die Angaben zur Herkunft machen:

Geschützte geografische Angabe (g.g.A.)
Bei Produkten, die dieses Siegel tragen, muss lediglich ein Produktionsschritt – also Erzeugung, Verarbeitung oder Herstellung – in der Region stattfinden. Dieses Zeichen sagt daher nicht zwangsläufig etwas über die Herkunft der Zutaten aus. So kann beispielsweise das Fleisch für „Schwarzwälder Schinken" von überall her kommen, solange das Fleisch in der Region verarbeitet wurde.

Geschützte Ursprungsbezeichnung (g.U.)
Bei Produkten, die dieses Zeichen tragen, muss der gesamte Herstellungsprozess in der genannten Region stattgefunden haben. Daher gibt es nur wenige deutsche Erzeugnisse, die dieses Zeichen tragen: Es sind zum Beispiel Lüneburger Heidschnucke und Diepholzer Moorschnucke, Altenburger Ziegenkäse, Odenwälder Frühstückskäse, Allgäuer Emmentaler und Allgäuer Bergkäse. Die Verbreitung der meisten dieser Produkte ist allerdings eher gering.

Fazit: Nur die geschützte Ursprungsbezeichnung (g.U.) wird den Erwartungen der Verbraucher gerecht, da sie eindeutig über die regionale Herkunft informiert. Die geschützte geografische Angabe (g.g.A.) hingegen kann leicht falsche Erwartungen wecken.

HILFREICHE SIEGEL FÜR DEN UMWELTBEWUSSTEN EINKAUF:

EU-Bio-Logo

Seit dem 1. Juli 2010 müssen alle verpackten Bioprodukte, die innerhalb der EU hergestellt werden, dieses Zeichen tragen. Es garantiert – ebenso wie das deutsche Biosiegel – die Einhaltung der EU-Öko-Verordnung, wie Gentechnikfreiheit, artgerechte Tierhaltung oder Verzicht auf chemisch-synthetische Pflanzenschutz- und Düngemittel.

Deutsches-BioSiegel

Das deutsche Biosiegel kennzeichnet ökologisch erzeugte Produkte, die in Deutschland verkauft werden. Es kann zusätzlich zum EU-Bio-Logo verwendet werden.

Beim Kauf von Fisch können Sie sich am WWF-Fischratgeber orientieren – siehe www.wwf.de, Stichwort Fischratgeber. Er führt die Kategorien „Gute Wahl", „Zweite Wahl" und „Lieber nicht". Wenn Sie diese berücksichtigen, tragen Sie dazu bei, Meere und Fischbestände zu schonen. Außerdem können Sie auf Bio- und Umweltzeichen achten. Bei Zuchtfischen sind es die Siegel von Bioland, Naturland und ASC (Aquaculture Stewardship Council). Das MSC (Marine Stewardship Council) kennzeichnet Fische und Meeresfrüchte aus umweltverträglicher Fischerei.

REGIONAL = KLIMAFREUNDLICH?

Bei Obst, Gemüse und Milch weisen regionale Produkte oft eine bessere Umweltbilanz auf als importierte, so das Ergebnis einer Studie (IFEU-Institut Heidelberg 2009). Denn: Der Transport regionaler Lebensmittel verursacht einen geringeren Energieverbrauch und weniger Kohlendioxidemissionen. Beispielsweise hatte in der Studie ein Apfel aus der Region, der vom Herbst bis zum Frühjahr sechs Monate im Kühlhaus gelagert wurde, immer noch eine bessere Energiebilanz als ein aus Neuseeland importierter. Aber: Vieles ist relativ und hängt von den konkreten Umständen ab. Wenn etwa kleinere Mengen geerntet und zu einem nahen Kühlhaus transportiert werden, sind die Emissionen pro Apfel unter Umständen höher, als wenn große Mengen über längere Strecken gefahren werden. Pauschale Aussagen treffen also häufig nicht zu.

Außer dem Transport sind die Erzeugungsbedingungen für die Klimafreundlichkeit eines Lebensmittels wichtig: Die positive Bilanz gilt nicht mehr, sobald bei uns in beheizten Gewächshäusern angebaut wird. Ein Kopfsalat regionaler Herkunft, der im Gewächshaus angebaut wurde, kann ein Vielfaches an Treibhausgasemissionen verursachen im Vergleich zu einem aus Spanien importierten Freilandsalat. Die klimafreundliche Alternative wäre hier, im Winter auf heimische Freilandware wie Feldsalat auszuweichen.

Den größten Einfluss auf die Klimabilanz hat allerdings die Art, wie die Verbraucher den Weg zum Einkaufsort zurücklegen: Wer beispielsweise mit dem Auto 5 Kilometer weit fährt, um lediglich 2 Kilogramm Äpfel von der Streuobstwiese zu kaufen, verursacht damit die gleiche Menge CO_2-Emissionen wie durch den Kauf von importierten Äpfeln aus Neuseeland.

Qualitätszeichen der Bundesländer: Die deutschen Bundesländer vergeben Zeichen, die für die Herkunft aus dem entsprechenden Bundesland stehen und deren Vergabe an bestimmte Kriterien gebunden ist, die von unabhängigen Stellen geprüft werden. Beispiele sind „Geprüfte Qualität aus Thüringen" oder „Gesicherte Qualität aus Baden-Württemberg". Allerdings sind die Anforderungen an die regionale Herkunft der Lebensmittel sehr unterschiedlich und die Qualitätskriterien gehen oft nicht über den gesetzlich festgelegten Standard hinaus. Sie als Kunde können beim Einkauf nur schwer beurteilen, wofür das Zeichen konkret steht. Hier wäre ein einheitlicheres und höheres Niveau wünschenswert.

Regionalfenster: Nach einer Testphase in fünf Bundesländern wurde Anfang 2014 auf Initiative des Bundesministeriums für Ernährung und Landwirtschaft bundesweit das sogenannte Regionalfenster eingeführt. Träger ist der Verein Regionalfenster e.V. Die Hersteller können das Regionalzeichen freiwillig auf ihren Produkten nutzen. Die deklarierte Region muss kleiner als Deutschland sein und durch die Angabe des Landkreises, des Bundeslands oder eines Kilometer-Radius genannt werden. Die genannte Region kann Bundes- oder Ländergrenzen überschreiten. Monoprodukte stammen zu 100 Prozent aus der betreffenden Region, das heißt, bei einem Sack Kartoffeln sind alle Kartoffeln aus der Region. Bei Rezepturen, deren Hauptzutat weniger als die Hälfte des Gesamtgewichts ausmacht, müssen auch die weiteren Zutaten zu 100 Prozent aus der genannten Region stammen, bis 51 Prozent des Gesamtgewichts erreicht sind. Es wird sich in den kommenden Jahren zeigen, ob sich das freiwillige Regionalfenster am Markt durchsetzen kann.

Marken von Handelsketten und Herstellern: Viele Handelsketten haben eigene Marken und Zeichen geschaffen, welche die regionale Herkunft der Produkte herausstellen. Die Kriterien für die Regionalität und die Zuordnungsmöglichkeit zu einem bestimmten Betrieb sind aber je nach Marke sehr unterschiedlich und für den Käufer mal mehr, mal weniger gut anhand der Angaben auf der Verpackung nachzuvollziehen. Da hilft nur: Lesen Sie genau, fragen Sie bei Unklarheiten beim Hersteller nach oder wenden Sie sich an die Verbraucherzentralen.

Saisonale Lebensmittel

Durch den Anbau in beheizten Gewächshäusern und durch Importe aus der ganzen Welt werden bei uns viele Gemüse- und Obstarten rund ums Jahr angeboten. Daher fehlt oft das Bewusstsein, wann bei uns beispielsweise Radieschen, Blattsalat oder Himbeeren erntereif sind. Durch den Einkauf von Obst und Gemüse entsprechend ihrer Saison können wir wieder einen engeren Bezug zum Rhythmus der Natur bekommen. Und es gibt noch viele weitere gute Argumente, bevorzugt zu Saisonware zu greifen.

DIE VORTEILE DER SAISONALEN PRODUKTE

Frische und Geschmack: Das Angebot stammt in den meisten Fällen aus der Region, wenn heimisches Obst und Gemüse Saison haben. Es ist frisch und vermittelt oft — zumindest subjektiv — einen besseren Geschmack durch die Ernte bei Vollreife und Anbau im Freiland.

Umwelt: Saisonware kommt aus der Region, sodass durch kurze Transportwege Energie und Treibhausgase eingespart werden. Da auch die Anbaumethode für die Ökobilanz entscheidend ist, sollten Sie Freilandware bevorzugen: Es wird keine zusätzliche Energie für beheizte Treibhäuser, für Abdeckmaterialien wie Folie oder Vlies oder für die Lagerung benötigt. Beheizte Gewächshäuser benötigen große Mengen an Energie, wodurch bis zu 30mal mehr Treibhausgase pro Kilogramm Lebensmittel freigesetzt werden als im Freilandanbau. Sie selbst beeinflussen die Umweltbilanz außerdem entscheidend,

TIEFKÜHLKOST UND KONSERVEN

Bei Tiefkühlprodukten und Konserven ist eine Angabe der Herkunft der Zutaten gesetzlich nicht vorgeschrieben — und daher weiß der Verbraucher nicht, ob die tiefgekühlten Erdbeeren aus Deutschland, Spanien oder China stammen. Manche Hersteller berücksichtigen seit einiger Zeit den Wunsch nach Transparenz: Auf den Packungen sind Internetadressen, Telefonnummern oder ein Code angegeben, wodurch Sie sich Auskünfte über die Herkunft der Zutaten einholen können.

je nachdem, wie Sie den Weg zum Einkaufsort zurücklegen (siehe Seite 30).

Abwechslungsreiche Ernährung: Wenn Sie saisonal einkaufen, werden Sie nach einiger Zeit den Jahreskreislauf viel intensiver erleben: Sie nehmen bewusst wahr, wann die Saison für Erdbeeren beginnt und wann sie von Himbeeren, Kirschen, Stachelbeeren, Brombeeren und Zwetschgen abgelöst werden. Man weiß die Produkte wegen ihrer zeitlich begrenzten Verfügbarkeit wieder mehr zu schätzen. Und auch wenn Sie saisonal kochen, ist es ganz einfach, einen abwechslungsreichen Speiseplan zu gestalten. Viele leckere Rezepte finden Sie in diesem Buch.

DER SAISONKALENDER

Unser Saisonkalender auf Seite 22 macht es Ihnen leicht, heimisches Obst und Gemüse à la Saison auszuwählen. Die Besonderheit: Sie erkennen, wann Ware aus dem Freiland verfügbar ist. Ebenso ist die Saison für „Geschützten Anbau" (Abdeckung mit Folie und Vlies, ungeheizt) und aus dem Gewächshaus (ungeheizt bzw. schwach geheizt oder geheizt) ablesbar. Paprika und Auberginen fehlen im Kalender, da sie zum Großteil importiert werden.

Wussten Sie, dass die bei uns sehr beliebten Gemüsearten Tomate und Gurke so gut wie immer aus dem Gewächshaus kommen? Beide Arten benötigen sehr viel Wärme, Tomaten reagieren zudem empfindlich auf Feuchtigkeit. Nur im Sommer stammen Tomaten teilweise aus unbeheizten Gewächshäusern oder geschütztem Anbau. Leider wird meist nicht gekennzeichnet, wie das Gemüse angebaut wurde, Sie können aber natürlich beim Bauern oder Händler nachfragen.

Zusammengefasst: Einkauf saisonaler und regionaler Lebensmittel

● Saisonal und regional produzierte Lebensmittel zu kaufen ist vorteilhaft: Frische und Wissen über Herkunft und Produktion sowie die Umweltbilanz sind klare Pluspunkte.
● Sehr frische Ware zu günstigen Preisen erhält man in der Regel direkt beim Erzeuger oder auf dem Wochenmarkt.
● Die günstigste Umweltbilanz weisen regionale Saisonprodukte aus Freilandanbau auf.
● Werfen Sie vor dem Einkauf einen Blick in den Saisonkalender. Wenn Sie den Kalender in der Küche aufhängen möchten, können Sie die PDF-Datei unter www.vz-nrw.de/saisonkalender herunterladen und ausdrucken.

● Wem Umweltfreundlichkeit wichtig ist, der sollte zusätzlich darauf achten, möglichst selten mit dem Auto zum Einkaufen zu fahren, also stattdessen das Fahrrad oder öffentliche Verkehrsmittel zu nutzen oder Wege und Einkäufe zu bündeln. Verzichten Sie auf Plastikverpackungen und Einkaufstüten, um die Umwelt zu schützen.
● Seien Sie kritisch, wenn Handel und Hersteller mit Regionalität werben.

EIN PIONIER DES ÖKOLOGISCHEN LANDBAUS

ALLES AUS EINER HAND: VOM FUTTERMITTELANBAU
BIS ZUR SCHLACHTUNG SETZT MAN IM BETRIEB
DER FAUSERS AUF BIOLOGISCHE LANDWIRTSCHAFT.

18

Das Futter für die Kühe des Biolandbetriebs stammt komplett aus eigenem Anbau. Der Mist der Tiere wird als Dünger verwendet – so schließt sich der Kreislauf.

Im Herzen Württembergs zwischen Schwäbischer Alb und Schwäbischem Wald liegt der Biolandhof der Familie Fauser. Der Aussiedlerhof wurde 1989 erbaut. Vor der imposanten Bergkulisse des Rechbergs und des Hohenstaufen grast auf großen Weideflächen eine Herde schwarzbunter und rotbunter Kühe. Im Süden erhebt sich die Blaue Mauer, die steil abfallende Nordkante der Schwäbischen Alb. Etwa 30 Milchkühe und 25 Mastochsen werden auf dem Biolandhof gehalten. "Im Sommer verbringen unsere Kühe den Tag auf der Weide, im Winter sind sie im Boxenlaufstall mit Liegebuchten", erklärt Bäuerin Rita Fauser. Da es sich um einen Biolandbetrieb handelt, müssen mindestens 50 Prozent des Futters für jede dort gehaltene Tierart vom eigenen Hof kommen. "Bei den Kühen stammen sogar 100 Prozent aus eigenem Anbau, da zwei Drittel unserer Betriebsfläche aus Grünland bestehen", ergänzt Rita Fauser. Außer frischem Gras von der Weide werden zum Beispiel Heu, Ackerbohnen und Getreideschrot gefüttert.

Schon seit 1991 bewirtschaften die Fausers den Hof als Biolandbetrieb und gehören damit zu den Pionieren des ökologischen Landbaus. "Mein Mann hat in Nürtingen Landwirtschaft studiert, dort entstand damals die Bioland-Bewegung", so Rita Fauser. Ausschlaggebend für die Umstellung auf biologische Landwirtschaft war zum einen natürlich, dass sie vom Konzept überzeugt waren. Zum anderen eignen sich die Böden des Hofs – lehmiger Ton und sandiger Lehm – gut: „Mit chemisch-mineralischer Düngung ist es schwierig, noch mehr aus dem Boden herauszuholen. Mit Mist, Gülle, Kompost und Gründüngung erzielen wir dagegen einen vernünftigen Ertrag ohne allzu großen Aufwand", sagt Rita Fauser. Außerdem liegt der Hof auf 450 Meter Höhe, hier herrscht

eine geringere Luftfeuchtigkeit als beispielsweise in Flusstälern. Pilzkrankheiten treten seltener auf und der Verzicht auf Fungizide fällt leichter.

Artgerechte Tierhaltung im ökologischen Kreislauf

Auf der Ackerfläche werden zurzeit vor allem Weizen, Hafer, Kleegras und Triticale (eine Kreuzung aus Weizen und Roggen) angebaut, die Feldfrüchte werden vollständig an das Vieh verfüttert. Mist und Gülle aus der Tierhaltung gelangen wiederum als Dünger auf das Feld – so schließt sich der Kreislauf. Die Anzahl der Tiere auf dem Hof ist auf die Größe der hofeigenen Futterfläche abgestimmt, so entsteht keine Intensivtierhaltung, weder müssen Futtermittel importiert werden noch findet eine Überdüngung statt. Außer den Kühen werden auf dem Hof etwa 130 Deutsche Landschweine und Schwäbisch-Hällische Schweine gehalten. Pferde und Ziergeflügel leben ebenfalls auf dem Hof, sie sind das Hobby der Familie.

Anders als die Rinder werden die Schweine nicht selbst nachgezüchtet, sondern im Alter von etwa

TIPP Fleisch und Wurst aus Landschlachtereien können Sie auch im Internet bestellen. Es wird per Paketversand oder Lieferservice ins Haus gebracht.

drei Monaten zugekauft. Auf dem Hof werden sie bis zu einem Schlachtgewicht von etwa 130 Kilogramm gemästet. Rita Fauser ist von der guten Fleischqualität ihrer Tiere überzeugt: „Da sich die Schweine hier mehr bewegen können, sind ihre Muskeln besser durchblutet und das Fleisch hat dadurch ein besseres Wasserhaltevermögen. Auch haben sie etwas mehr Zeit, heranzuwachsen." Der Stress langer Transporte zum Schlachthof bleibt ihnen erspart, denn sowohl Schweine als auch Mastochsen werden bei einem benachbarten Bauern oder Metzger in 5 Kilometern Entfernung geschlachtet. Verarbeitet wird das Fleisch wieder auf dem Hof, in einer modernen Wurstküche. Gleich nebenan befindet sich der Hofladen, in dem die Kunden die Erzeugnisse dann kaufen können.

Für die Schweine hat das Ehepaar Fauser schon vor 15 Jahren einen sogenannten Drei-Zonen-Stall entwickelt. „Moderne Ställe werden heute zunehmend nach diesem Prinzip gebaut", erklärt Rita Fauser. Die Schweine werden nach Alter in kleinen Gruppen zusammengefasst und leben zusammen in einem Stall, der aus einem Außenbereich mit Mist zum Suhlen, einem schattigem Stück und einer Hütte zum Schlafen besteht. Die „Tür" besteht aus einem Lamellen-

Je nach Alter werden die Schweine zu kleinen Gruppen zusammengefasst und bewohnen gemeinsam einen Stall.

Rita Fauser hat ihren Hofladen im Griff. Josef Fauser packt als gelernter Metzger selbst mit an: Schweine- und Rindfleisch sowie ein breites Sortiment an Wurstspezialitäten entstehen in der hofeigenen Wurstküche.

vorhang, sodass die Tiere ständig ein und aus gehen können. Da die Hütte relativ niedrig ist, reicht die Körperwärme der Tiere, um sie zu erwärmen.

Fleisch, Wurst und Naturkost: Qualität mit Herkunftsgarantie

Der Hofladen und der Direktvertrieb der Fleisch- und Wurstwaren sind der Stolz der Bäuerin. Vor etwa vier Jahren begann sie, die Eigenherstellung weiter auszubauen. Im Hofladen erhältlich ist das gesamte Sortiment einer Metzgerei, darunter auch regionale Spezialitäten wie geräucherte Schwarzwürste, Bauernbratwürste, Rote Würste und Saitenwürste (Wiener). Außerdem

beliefert der Hof Markthändler in der Region und Abobetriebe, in deren Internetshop die Kunden bestellen können. Ergänzt wird das Angebot um ein breites Naturkostsortiment. Viel Arbeit, auch wenn es Hilfskräfte auf dem Hof gibt und die drei Kinder der Familie schon immer mitgeholfen haben. Der Arbeitstag von Rita Fauser beginnt morgens gegen 5.30 Uhr mit Melken, dann kümmert sie sich um die Planung für die Metzgerei und den Hofladen, abends wird zum zweiten Mal gemolken.

Rita Fauser will ihr Konzept weiter ausbauen: „Mir gefällt, dass wir hier Produkte mit nachvollziehbarer Herkunft anbieten können. Vom Tierfutter über die Aufzucht der Tiere bis zur Schlachtung und Fleischverarbeitung. Es sind kurze Wege und der Kunde sieht, wo sein Essen herkommt." Aber ist Biofleisch für den Normalverbraucher nicht zu teuer? Da hat Rita Fauser auch gute Tipps parat: „Es muss ja nicht jeden Tag Fleisch sein. Und statt das Geld für Fertigprodukte und -saucen auszugeben, ist es langfristig günstiger, Frisches nach Saison, bestimmte Kräuter und Gewürze zu kaufen und lieber in die eigenen Kochfertigkeiten zu investieren."

HEIMISCHES OBST UND GEMÜSE: WANN GIBT ES WAS?

OBST	JANUAR	FEBRUAR	MÄRZ	APRIL	MAI	JUNI	JULI	AUGUST	SEPTEMBER	OKTOBER	NOVEMBER	DEZEMBER
Äpfel	▣	▣	▣	▣	▣			●	●	○	▣	▣
Aprikosen							●	●				
Birnen	▣							●	●	▣	▣	▣
Brombeeren								●	●	○		
Erdbeeren					○	●	●	●	●	○		
Heidelbeeren							●	●				
Himbeeren						○	●	●				
Johannisbeeren						●	●	●				
Kirschen, sauer							●	●				
Kirschen, süß						○ ○	●	●				
Mirabellen							●	●				
Pfirsiche							●	●				
Pflaumen								●	●			
Quitten										○	●	
Stachelbeeren							●	●	●			
Tafeltrauben								○	●	○		

SALAT

	JANUAR	FEBRUAR	MÄRZ	APRIL	MAI	JUNI	JULI	AUGUST	SEPTEMBER	OKTOBER	NOVEMBER	DEZEMBER
Eissalat					🟡🟢	🟢	🟢	🟢	🟢	🟢		
Endiviensalat					🟡🟢	🟢	🟢	🟢	🟢	🟢	🟢	
Feldsalat	🟡	🟡	🟡	🟡	🟢	🟢	🟢	🟢	🟢	🟢	🟡🟢	🟡
Kopfsalat, Bunte Salate			🟡	🟡🟡	🟡🟢	🟢	🟢	🟢	🟢	🟢	🟡	
Radicchio						🟢	🟢	🟢	🟢	🟢	🟢	
Romanasalate					🟡🟢	🟢	🟢	🟢	🟢	🟢	🟢	
Rucola (Rauke)				🟡	🟢	🟢	🟢	🟢	🟢	🟢	🟢	

Sehr geringe Klimabelastung: Freilandprodukte

Geringe bis mittlere Klimabelastung: „Geschützter Anbau" (Abdeckung mit Folie oder Vlies, ungeheizt)

Geringe bis mittlere Klimabelastung: Lagerware

Geringe bis mittlere Klimabelastung: Produkte aus ungeheizten oder schwach geheizten Gewächshäusern

Hohe Klimabelastung: Produkte aus geheizten Gewächshäusern

SAISONALER KALENDER

GEMÜSE	JANUAR	FEBRUAR	MÄRZ	APRIL	MAI	JUNI	JULI	AUGUST	SEPTEMBER	OKTOBER	NOVEMBER	DEZEMBER
Blumenkohl												
Bohnen												
Brokkoli												
Chicorée												
Chinakohl												
Grünkohl												
Gurken: Salat-, Minigurken												
Gurken: Einlege-, Schälgurken												
Erbsen												
Kartoffeln												
Knollenfenchel												
Kohlrabi												
Kürbis												
Möhren												
Pastinaken												
Porree												
Radieschen												
Rettich												
Rhabarber												
Rosenkohl												

GEMÜSE

GEMÜSE	JANUAR	FEBRUAR	MÄRZ	APRIL	MAI	JUNI	JULI	AUGUST	SEPTEMBER	OKTOBER	NOVEMBER	DEZEMBER
Rote Bete	◆	◆	◆	◆	◆	●	●	●	●	●	●	◆
Rotkohl	◆	◆	◆	◆	◆	◗	●	●	●	●	●	◆
Schwarzwurzel	◆	◆	◆						●	●	●	◆
Sellerie: Knollensellerie	◆	◆	◆	◆	◆	◆	●	●	●	●	●	◆
Sellerie: Stangensellerie						●	●	●	●	●	●	●
Spargel				◗	●	●	●					
Spinat					●	●	●	●	●	●	●	●
Spitzkohl	◆	◆				◗	●	●	●	●	●	◆
Steckrüben (Kohlrüben)	◆	◆	◆						●	●	●	◆
Tomaten: geschützter Anbau						◗	◗	◗	◗			
Tomaten: Gewächshaus			○	○	○	○	○	○	○	○	○	○
Weißkohl	◆	◆	◆	◆	◗	◗	●	●	●	●	●	◆
Wirsingkohl	◆	◆	◆	◆	◆	◗	●	●	●	●	●	◆
Zucchini						◗	●	●	●	●	●	
Zuckermais								●	●	●	●	
Zwiebeln	◆	◆	◆	◆	◆	◗	●	●	●	●	◆	◆
Zwiebeln: Bund-, Lauch-, Frühlings-				◗	●	●	●	●	●	●	●	

25

ENGAGEMENT FÜR ALTE NUTZTIERRASSEN

OSTFRIESISCHE SILBERMÖWEN UND BUNTE BENTHEIMER WEIDESCHWEINE: AUF DEM POLDERHOF WERDEN DIE VOM AUSSTERBEN BEDROHTEN RASSEN MIT ERFOLG GEZÜCHTET.

Stolze Tradition: Hof Hopkes am Dollart ist seit 1756 in Familienbesitz.

Fünf Uhr morgens auf Hof Hopkes in Ostfriesland. Bäuerin Martina Busse ist schon seit zwei Stunden auf den Beinen. Sie bereitet das Futter für die Schweine zu: Für den „Swienpott" (Schweinetopf) werden Gemüse und Kartoffeln im Dampfgarer erwärmt. Anschließend muss das Futter in den Fress-

tröge auf der Weide verteilt werden. Die Bunten Bentheimer Weideschweine grunzen schon ungeduldig. Charakteristisch für die Tiere sind ihre hübsche Fellzeichnung mit dunklen Flecken und ihr kräftiger Körper mit breitem Brustkorb. Das gesamte Futter für die Schweinemast stammt vom eigenen Hof. „Diese alte Rasse ist sehr genüg-

sam, sie benötigt keinen Mais und kein Soja, sondern frisst das, was rund ums Jahr verfügbar ist: Klee, Gras, Fallobst, Eicheln, Kartoffeln und Gemüse", erklärt Martina Busse.
Die Schweineherde ist der große Stolz der Landwirtin. Die Herde besteht momentan aus 35 Zuchtsauen und vier Ebern aus unterschiedlichen Zuchtlinien — so kann

Schweine und Geflügel teilen sich den großen Obstgarten, die Schweine genießen die Matschkuhlen. Landwirt Enno Hopkes freut sich über Nachwuchs bei den Bentheimer Schweinen.

die genetische Vielfalt bewahrt werden. In den 1990er-Jahren standen die Bunten Bentheimer kurz vor dem Aussterben, es gab nur noch etwa 100 Tiere in Deutschland. Auf Hof Hopkes kommen jetzt etwa 1.200 Ferkel jährlich zur Welt, sie werden gemästet und im eigenen Schlachthaus getötet, wo sieben gelernte Metzger Fleisch- und Wurstspezialitäten produzieren. Die Schlachtung auf dem Hof ist für Martina Busse das letzte wichtige Glied in der Kette: „Ich möchte sicher sein, dass die Tiere ihre letzten Stunden ohne Stress durch den Transport oder eine schlechte Behandlung im Schlachthof erleben können." Außer den Bentheimer Schweinen werden auch noch Hülsenberger Kornschweine auf dem Hof gemästet. Sie werden von einem befreundeten Landwirt zugekauft. Daneben hält die Landwirtin

noch Weidegänse, Ostfriesische Weidehähnchen und Ostfriesische Silbermöwen, eine Landhuhnart.

Schwein gehabt: Weide- statt Massentierhaltung auf Hof Hopkes

Die Bentheimer Schweine sind deutlich robuster als die modernen Hybridschweine, die ihr Dasein im beheizten Stall verbringen. Sie vertragen auch Minustemperaturen, sind rund ums Jahr auf der Weide. Zum Schlafen können sie sich in mit Stroh ausgelegten

Gemeinschaftshütten oder kleine Schlafhäuser zurückziehen, in denen drei Ferkel Platz finden. Martina Busse gerät ins Schwärmen, wenn sie vom Verhalten der Tiere erzählt: „Schweine sind soziale Tiere, die Ferkel haben ihre bevorzugten Freunde, mit denen sie ihr Nachtlager teilen." Tagsüber können sich die Ferkel bis zum Alter von acht Wochen völlig frei bewegen – sie machen schon mal einen Ausflug zum 500 Meter entfernten Nachbarhof. „Die Tiere sind sehr intelligent, neugierig und haben einen großen Erkundungs-

HINTER-GRUND

Die Kartoffeln auf Hof Hopkes wachsen auf eingedeichtem Marschboden, der besonders mineralstoffreich ist. Auf Dünger kann daher verzichtet werden.

drang." Die Schweine fühlen sich auf Hof Hopkes zweifellos „sauwohl": Länger als in der modernen Massentierhaltung üblich werden sie von der Mutter gesäugt und können ihr Leben anderthalb Jahre genießen. Im Gegensatz dazu kommen Schweine aus Massentierhaltung schon nach etwa 120 Tagen zum Schlachthof. Die lange Mastdauer, der geringe Einsatz von Medikamenten und der Wegfall von Stress durch langen Transport vor dem Schlachten wirken sich positiv auf die Fleischqualität aus.

Vermarktet werden das Fleisch und die Wurstspezialitäten, die nach traditionellen Rezepten ohne Aromen und Geschmacksverstärker hergestellt werden, in zwei Hofläden in Ostfriesland sowie einem in Oldenburg. Sie bieten auch die übrigen Produkte des Hofs wie Kartoffeln und Gemüse sowie Waren von benachbarten Landwirten an. Auch Wild aus einem nahe gelegenen Forst wird dort verkauft.

Tierzucht und Ackerbau sind die Säulen des Geschäfts

Die Ostfriesischen Silbermöwen, eine alte, vom Aussterben bedrohte Hühnerrasse, sind ein besonderes Steckenpferd von Martina Busse. Mehr als 60 Tiere soll die Hühnerschar nicht umfassen: „Hühner können bis zu 60 Artgenossen unterscheiden — ist die Gruppe größer, entsteht Stress, weil die Hackordnung immer wieder neu erkämpft werden muss." Die Silbermöwen fliegen gern einige hundert Meter im Freien, manche verbringen die Nächte im Sommer draußen auf ihren Schlafbäumen.

Martina Busse betreibt die Tierzucht mit viel Idealismus, aber als studierte Betriebswirtin weiß sie auch gut zu kalkulieren: Geld wird vor allem mit dem Ackerbau verdient, für den ihr Lebensgefährte Enno Hopkes verantwortlich ist. Seit 1756 ist der Hof im Besitz seiner Familie, er ist Landwirt aus Leidenschaft. Auf dem fruchtbaren Kleiboden des Polderhofs werden Getreide, Kartoffeln und verschiedene Gemüsesorten angebaut. Der Hof liegt 1.000 Meter hinter dem Außendeich zum Dollartbusen,

Martina Busse ist stolz auf das Angebot ihrer Hofläden. Das große Sortiment der luftgetrockneten oder geräucherten Würste und Schinken wird in der eigenen Landschlachterei hergestellt.

nahe der niederländischen Grenze. „Im Prinzip ackern wir auf früherem Meeresboden", erklärt Martina Busse. Der fruchtbare Boden muss nur wenig gedüngt werden.

Die Nachfrage nach den hochwertigen Produkten von Hof Hopkes ist groß. Es gibt so viel Arbeit, dass 27 Vollzeitmitarbeiter beschäftigt werden können. Für Martina Busse sind die partnerschaftliche Zusammenarbeit und das Vertrauen zu ihren Mitarbeitern sehr wichtig. Eine Expansion, beispielsweise durch einen Internet-Versandhandel, plant sie vorerst nicht: „Man darf sich nicht verzetteln", meint sie. Der gut organisierten Landwirtschaftsunternehmerin glaubt man aufs Wort, dass sie damit kein Problem hat — und am Ende eines langen Tages nur zufrieden ist, wenn die Arbeit gemacht ist und es ihren Tieren gut geht.

GUT PLANEN,
EINKAUFEN UND LAGERN

VON EINKAUFSPLANUNG BIS VORRATSHALTUNG — MIT EIN WENIG ORGANISATION BRINGEN SIE OHNE VIEL AUFWAND AB-WECHSLUNG IN IHRE KÜCHE.

E inkaufen nach Saison und möglichst viele Lebensmittel aus der Region — braucht man dafür nicht sehr viel Zeit? Die Antwort ist abhängig von der Infrastruktur Ihres Wohnorts und von Ihren Einkaufsgewohnheiten. Und natürlich zählt, was Ihnen persönlich wichtig ist. Wenn Sie zum Beispiel regelmäßig frisches Obst und Gemüse essen, gehen Sie in der Regel zweimal wöchentlich einkaufen. Einen solchen Einkauf können Sie in einem Bauernladen am Wohnort oder beim Gemüsehändler oder zum Beispiel auf dem Weg zur Arbeit erledigen.

Eins ist sicher: Durch gute Planung und Organisation Ihrer Einkäufe und kluge Vorratshaltung sparen Sie Zeit und können sie für etwas verwenden, das Spaß macht — den Genuss hochwertiger Lebensmittel. In diesem Kapitel erhalten Sie Tipps zur Essensplanung und zum Einkauf, ergänzt um Hinweise zur optimalen Lagerung.

Planung und Einkauf

Gewöhnen Sie sich einfach an, für jede Woche einen Essensplan für zu Hause aufzustellen. Möglicherweise ist es sinnvoll, ein bis zwei Tage nichts einzuplanen, da immer mal Reste übrig bleiben, die Sie dann verwerten können. Ein hübsch gestalteter Essensplan kann auch in der Küche aufgehängt werden.

Verschaffen Sie sich zunächst einen Überblick über die vorhandenen Vorräte: Welche Lebensmittel müssen in den nächsten Tagen verbraucht werden oder befinden sich schon recht lange im Tiefkühlgerät? Suchen Sie einige dazu passende Rezepte heraus. Wählen Sie jede Woche bewusst Gerichte mit Obst und Gemüse à la Saison aus, so bringen Sie automatisch Abwechslung in Ihren Speiseplan. Sie können auch gezielt Sorten auswählen, die Sie bisher selten verwendet haben.

TIPP Auch lange haltbare Lebensmittel wie Dauerwaren, Konserven und Tiefgekühltes haben ein Mindesthaltbarkeitsdatum (MHD) — kontrollieren Sie also Ihre Vorräte regelmäßig und berücksichtigen Sie diese kurz vor Ablauf des MHD bei Ihrer Essensplanung. Aber: Das MHD ist kein Verfallsdatum. Die Produkte sind auch nach diesem Zeitpunkt noch genießbar. Wenn Sie Checklisten lieben und Spaß an Perfektion haben, hängen Sie einfach eine Liste Ihrer Basisvorräte beispielsweise an die Tür des Vorratsschranks und notieren dort auch das MHD Ihrer Vorräte, damit Sie alles rechtzeitig verbrauchen.

Am besten stellen Sie beim Schreiben des Speiseplans gleich die Einkaufsliste auf. Sie sparen Zeit, wenn Sie das Fehlende direkt nach Einkaufsorten sortieren, also zum Beispiel Bauernladen, Metzger, Supermarkt. Bei guter Planung müssen Sie auch nicht allzu oft einkaufen: Einmal pro Woche ein Gang in den Supermarkt oder Discounter sowie zweimal wöchentlich der Einkauf von rasch verderblichen Lebensmitteln wie Gemüse, Salat, Obst, frischem Fisch, Fleisch, Käse oder Wurst reichen aus. In einem Kühlschrank mit Kaltlagerzone (0 bis 3 °C) bleiben Obst und Gemüse sowie andere Lebensmittel deutlich länger frisch. Die Einkaufsliste schützt Sie auch davor, häufig spontan zuzugreifen und mehr zu kaufen, als Sie benötigen.

Vorratshaltung und Lagerung

Die Vorratshaltung hat gegenüber früheren Tagen ihre Bedeutung verloren. Noch im vergangenen Jahrhundert war die gefüllte Speisekammer eine Art Lebensversicherung, um den Winter und Notzeiten zu überstehen.

Trotzdem ist eine kluge Vorratshaltung auch heute sinnvoll: Sie sparen dadurch viel Zeit und Geld.

Ein Basisvorrat häufig verwendeter haltbarer Lebensmittel — beispielsweise Nudeln, Mehl, Trockenobst, Dosentomaten, Gewürze — bewährt sich. Am besten erstellen Sie eine Checkliste mit regelmäßig zu kaufenden Waren, so wissen Sie immer, welche Vorräte Sie wieder auffüllen sollten.

DER RICHTIGE LAGERORT

Die Vorratskammer und der Vorratsschrank: Eine von der Küche räumlich getrennte Vorratskammer ist ideal: In einem separaten Raum herrschen günstigere Bedingungen als in der Küche, in der Luftfeuchtigkeit und Temperatur für die Lagerung von Lebensmitteln eigentlich zu hoch sind. Im Sommer ist ein Fliegengitter vor den Fenstern empfehlenswert.

Meist bleibt aus Platzgründen aber keine andere Wahl, als zumindest einen Teil der Lebensmittel in der

TIPP Im Tiefkühlgerät finden Sie das Gesuchte schneller, wenn Sie die Lebensmittel nach Produktgruppen sortiert aufbewahren, zum Beispiel Gemüse und Kräuter immer in die oberste Schublade packen. Außerdem verschwenden Sie so keine Energie durch das Suchen bei lange geöffneter Tür.

Küche zu lagern. Natürlich ist es auch praktisch, oft genutzte Vorräte griffbereit zu haben. In Schränken sind sie besser aufgehoben als in offenen Regalen. Ein „Apothekerschrank" mit vielen Schubladen ermöglicht nicht nur bequemen Zugriff, auch werden die Vorräte dank der häufig vorhandenen Gitterböden besser durchlüftet.

Der Kühlschrank: Die meisten Obst- und Gemüsesorten lassen sich ein paar Tage im Obst- und Gemüsefach des Kühlschranks aufbewahren, in Kaltlagerzonen länger. Am besten verwahren Sie die Lebensmittel in luftdurchlässigen oder gelochten Folienbeuteln. Das Grün von Radieschen und Möhren sollten Sie abschneiden, da es beim Lagern dem Gemüse Feuchtigkeit entzieht. Blattsalate bleiben länger frisch, wenn sie in leicht feuchte Papierküchentücher gewickelt werden. Sie können die Salatblätter auch waschen und dann tropfnass in einer verschließbaren Box lagern. Kräuter bewahren Sie am besten in feuchten Papierküchentüchern oder in einem verschlossenen Gefrierbeutel auf. Spargel sollten Sie in ein feuchtes Küchenhandtuch einschlagen.

Einige Gemüse- und Obstsorten sind kälteempfindlich und sollten außerhalb des Kühlschranks aufbewahrt werden, möglichst an einem dunklen, kühlen Ort. Beachten Sie, dass sich nicht alle Obstsorten miteinander vertragen und daher nicht zusammen in einer Obstschale liegen sollten (siehe auf Seite 34 „Schlechte Nachbarn").

Die robust wirkende Kartoffel stellt hohe Ansprüche an die Lagerung: Ideal sind kühle, dunkle und belüftbare Vorratsräume oder Keller mit Temperaturen zwischen 4 und 12 Grad. Bei niedrigeren Temperaturen gelagerte Kartoffeln entwickeln einen süßlichen Geschmack, bei höheren Temperaturen beginnen die Knollen zu keimen. Wenn Sie also keinen solchen Vorratsraum haben, sollten Sie nur kleinere Mengen einkaufen. Liegt die Temperatur in Ihrem Kühlschrank über 4 Grad, können Sie die Kartoffeln auch dort lagern.

Die Tiefkühltruhe: Das Tiefgefrieren ist eine schnelle und nährstoffschonende Art der Vorratshaltung. Bis auf wenige Ausnahmen ist es für alle Obst- und Gemüsesorten geeignet. Besonders bietet sich das Einfrieren an, wenn Sie große Erntemengen aus dem eigenen Garten verwerten möchten und so die Saison Ihrer „Lieblinge" verlängern wollen.

Damit Sie Ihren auf Eis gelegten Vorrat gut nutzen, gilt auch hier: Überblick behalten! Selbst eingefrorene Lebensmittel sollte man gleich mit Inhaltsangabe und Datum beschriften. Für Ordnungsfreunde bietet sich eine Liste der Vorräte an, die sie bei der Essensplanung zur Hand nehmen, so können sie die Lebensmittel rechtzeitig verwerten.

Obst und Gemüse kann 11 bis 15 Monate tiefgefroren gelagert werden. Wir empfehlen jedoch, nicht so lange zu warten, da Geschmack und Nährstoffe mit der Länge der Lagerung abnehmen.

Verpacken Sie die Vorräte luftdicht in gefriergeeigneten Kunststoffbehältern oder Gefrierbeuteln. Gefrierdosen sollten nur 1 bis 2 Zentimeter bis unter den Rand befüllt werden. Eckige Dosen sind übrigens platzsparender als runde.

Alle Lebensmittel sollten Sie möglichst schnell einfrieren (im Vorgefrierfach oder an den Außenwänden des Geräts). Dadurch bilden sich nur kleine Eiskristalle, die Zellwände des Gefrierguts werden nicht zerstört und beim Auftauen tritt weniger Saft aus. Außerdem ist es praktisch, Lebensmittel in den Portionsgrößen einzu-

LAGERDAUER VON OBST UND GEMÜSE IM KÜHLSCHRANK

Beerenobst, zum Beispiel Erdbeeren, Himbeeren, Brombeeren 1 – 2 Tage

Steinobst: Aprikosen, Kirschen, Nektarinen, Pflaumen, Zwetschgen 2 – 3 Tage

Kompott 2 – 3 Tage

Blattsalat, Kräuter, frischer Spinat 1 – 2 Tage

Bohnen, Erbsen 1 – 2 Tage

Radieschen, Staudensellerie, Zuckermais 2 – 3 Tage

Wurzelgemüse 6 – 8 Tage

Gegartes Gemüse 1 – 2 Tage

frieren, die man für spätere Zubereitungen braucht. Im Zweifelsfall lieber mehrere kleinere Portionen einfrieren.

Nur frische Produkte im Topzustand eignen sich fürs Einfrieren, Obst und Gemüse sollten also keine braunen Stellen aufweisen.

SO FRIEREN SIE GEMÜSE UND KRÄUTER RICHTIG EIN:

● Fast alle Gemüsesorten sind zum Einfrieren geeignet. Ausnahmen sind: Blattsalate, Rettich, Radieschen, ganze Tomaten, rohe Zwiebeln und roher Knoblauch.
● Das Gemüse wird klein geschnitten, die meisten Gemüsearten (Ausnahmen siehe unten) werden blanchiert. Dazu das Gemüse 1 bis 2 Minuten in siedendes Wasser tauchen oder dämpfen und anschließend rasch (in kaltem Wasser) abkühlen. Blanchieren erhält die frische Farbe und verlangsamt den Abbau von Vitaminen.
● Paprika, Zucchini und Auberginen sollten Sie nicht blanchieren, weil dies keine Qualitätsverbesserung bringt.
● Erntefrischer Spargel wird am besten geschält und roh eingefroren.
● Aufgetaute Tomaten sind sehr matschig, roh essen kann man sie nicht mehr. Überbrühen Sie sie vor dem Einfrieren deswegen kurz mit Wasser, häuten Sie die Tomaten anschließend und schneiden sie in Stücke.
● Zwiebeln und Knoblauch können angedünstet eingefroren werden.
● Kräuter werden nicht blanchiert. Nach dem Waschen trocken tupfen und ganz oder gehackt einfrieren. Gehackte Kräuter können Sie auch in Eiswürfelbehälter geben und mit Wasser bedeckt einfrieren – so lassen sie sich später portionsweise entnehmen und in Suppen oder Eintöpfe geben.

SO FRIEREN SIE OBST RICHTIG EIN:

● Obst – mit Ausnahme von Beeren – wird nicht ganz, sondern in Stücke geschnitten oder in Spalten geteilt eingefroren. Weintrauben eignen sich nicht zum Einfrieren.
● Beerenobst, das in Form bleiben soll, weil Sie es später zum Beispiel für eine Torte oder zum Garnieren verwenden möchten, sollten Sie auf einem Tablett einzeln vorfrieren, damit es nicht aneinander klebt und matschig wird.
● Aprikosen und Pfirsiche sollten Sie zuvor blanchieren und enthäuten.
● Geschmack, Farbe und Form von Obst bleiben besser erhalten, wenn man es mit etwas Zucker einfriert.
● Beeren bestreuen Sie mit 100 bis 200 Gramm Zucker auf 1 Kilogramm Obst. Bei Stein- und Kernobst emp-

WELCHE OBST- UND GEMÜSE-ARTEN SOLLEN NICHT IN DEN KÜHLSCHRANK?

KÄLTEVERTRÄGLICHES OBST UND GEMÜSE

Kernobst: Äpfel, Birnen, Weintrauben

Steinobst: Aprikosen, Kirschen, Nektarinen, Pflaumen, Zwetschgen

Beeren: Blaubeeren, Brombeeren, Erdbeeren, Himbeeren, Johannisbeeren

Südfrüchte: Feigen, Kiwis

Gemüse: Artischocken, Blattsalate, Kohlgemüse, Erbsen, Möhren, Kohlrabi, Radieschen, Sellerie, Spargel, Spinat, Zuckermais

KÄLTEEMPFINDLICHES OBST UND GEMÜSE

Melonen, Wassermelonen

Südfrüchte: Ananas, Avocados, Bananen, Granatäpfel, Guaven, Papayas, Passionsfrüchte

Zitrusfrüchte: Zitronen, Orangen, Mandarinen, Grapefruits

Gemüse: Auberginen, Gurken, Grüne Bohnen, Kürbisse, Okraschoten, Paprika, Tomaten, Zucchini

fiehlt sich eine Zuckerlösung: Je nach Süße der Früchte etwa 450 bis 650 Gramm Zucker mit 1 Liter Wasser aufkochen, abkühlen lassen und die Früchte damit übergießen.
● Obst, das später für Marmeladen, Kuchen oder süße Aufläufe verwendet werden soll, wird ungezuckert eingefroren.
● Obst in pürierter Form oder fertig zubereitetes Mus eignet sich ebenfalls gut fürs Einfrieren.

WEITERE METHODEN DER HALTBARMACHUNG

Außer dem Tiefkühlen gibt es zahlreiche Methoden des Haltbarmachens, die eine lange Tradition haben. Sie sind etwas aufwendiger und nicht so vitaminschonend wie das Einfrieren – es kann jedoch einfach Spaß machen, wenn Sie beispielsweise individuelle Geschenke wie Kräuteressige oder Marmeladen herstellen. Wer große Erntemengen aus dem eigenen Garten verwerten möchte, bekommt beim Einfrieren außerdem rasch Platzprobleme. Probieren Sie doch einmal ein paar neue Rezepte mit Ihren Lieblingsarten aus.

Das Einkochen von Obst und Gemüse im Einkochtopf, im Backofen oder in der Mikrowelle eignet sich, um Ernteschwemmen zu verarbeiten oder Zeiten eines günstigen saisonalen Angebots zu nutzen.

Es kann die bewährte Erdbeermarmelade sein, aber auch ganz anderes: Eine Fülle raffinierter Rezepte für Pickles, Chutneys oder Saucen kombinieren beispielsweise Obst mit Gemüse, Kräutern und (exotischen) Gewürzen.

Pilze, Kräuter und Obst können Sie trocknen, Pilze und Kräuter sogar einfach an der Luft.

Mit Kräutern lässt sich rasch aromatisierter Essig oder Pesto herstellen, Gemüse kann ebenso in Essig eingelegt werden.

Legen Sie Gemüse oder Schafskäse in Öl ein. Kühl und dunkel gelagert sind die Produkte bis zu vier Monate haltbar.

Auf einen Blick: Tipps zum Einkauf und zur Vorratshaltung

● Nicht ohne meinen Plan: Mit einem Essensplan für jede Woche und einer gut strukturierten Einkaufsliste sparen Sie viel Zeit.
● Bringen Sie Abwechslung in Ihren Speiseplan, indem Sie bewusst Obst und Gemüse der Saison einplanen.
● Berücksichtigen Sie bei Ihrer Einkaufsplanung konsequent Vorräte in Kühlschrank, Tiefkühltruhe, Speisekammer und Keller.
● Die Kühlkette aufrechterhalten (Isoliertüte und Kühlakkus zum Einkaufen mitnehmen).
● Lebensmittel sofort nach dem Einkauf in den Kühlschrank oder die Gefriertruhe legen.
● Faustregel: Lebensmittel dunkel, kühl, trocken und verpackt lagern.

TIPPS FÜR DAS AUFTAUEN

Das richtige Auftauen hat großen Einfluss auf die Konsistenz der Produkte sowie ihren Nährstoffgehalt. Mikroorganismen, die durch das Einfrieren lediglich in einen Kälteschlaf versetzt wurden, werden beim Auftauen schnell wieder aktiv; die Art des Auftauens hat Einfluss auf den Keimgehalt der Lebensmittel. Obst kann im Kühlschrank, bei Zimmertemperatur oder in der Mikrowelle aufgetaut werden. Beim Auftauen im Kühlschrank tritt etwas weniger Tropfsaft aus. Die Nährstoffe von Gemüse bleiben am besten erhalten, wenn Sie es tiefgefroren direkt garen.

SCHLECHTE NACHBARN

Viele Früchte reifen nach der Ernte nach und scheiden dabei das Gas Ethylen aus. Darauf wiederum reagieren manche andere Arten empfindlich, ihr Reifeprozess wird beschleunigt und sie verderben schneller. Dabei gibt es Früchte, die sowohl Ethylen ausscheiden als auch dagegen empfindlich reagieren, wenn sie mit anderen stark ethylenausscheidenden Arten – wie zum Beispiel Äpfeln – zusammen gelagert werden. Aus diesem Grund sollten Sie Obst und Gemüse dieser beiden Gruppen nicht zusammen lagern oder aber Früchte, die viel Ethylen ausscheiden, in einen Folienbeutel verpacken.

STARK ETHYLENAUSSCHEIDENDE FRÜCHTE SIND: Äpfel, Aprikosen, Birnen, Pfirsiche, Pflaumen, Nektarinen, Cherimoyas, Kapstachelbeeren, Passionsfrüchte, Avocados, Cantaloupe-Melonen, Feigen und Papayas.

AUF ETHYLEN SEHR EMPFINDLICH REAGIEREN: Äpfel, Aprikosen, Birnen, Pfirsiche, Nektarinen, Quitten, Kiwis, Bananen, Honigmelonen, Mangos, Avocados, Cherimoyas, Papayas und Passionsfrüchte sowie Gurken, Tomaten, Brokkoli, Blumenkohl, Kopfkohl und Rosenkohl.

Sie können sich das Phänomen aber auch zunutze machen: Grüne Bananen und steinharte Kiwis etwa reifen neben Äpfeln schneller nach.

● Die richtige Lagerung von Trockenwaren und Konserven ist auf der Verpackung angegeben.
● Bei Obst und Gemüse darauf achten: Was soll in den Kühlschrank, was soll nicht zusammen gelagert werden?
● Das Mindesthaltbarkeitsdatum regelmäßig kontrollieren und Lebensmittel rechtzeitig verbrauchen.
● Neue Vorräte immer nach hinten ins Regal oder in den Kühlschrank stellen, sodass zuerst die ältere Ware verbraucht wird.
● Den Inhalt angebrochener Packungen in dicht schließende Behälter aus Glas, Metall oder Kunststoff umfüllen.
● Eingemachtes und Eingefrorenes mit Bezeichnung und Datum versehen.

INFOS ÜBER NÄHRWERTE, ZUTATEN UND MASSEINHEITEN

Die **Maßeinheiten** werden in den Zutatenlisten wie folgt abgekürzt:

TL	Teelöffel	EL	Esslöffel
g	Gramm	kg	Kilogramm
ml	Milliliter	l	Liter
Pk.	Päckchen	Msp.	Messerspitze
Spr.	Spritzer	Tr.	Tropfen

Gelegentlich sind die kleineren Mengen in Teelöffel- und Esslöffel-Einheiten angegeben. Das Volumen beträgt beim Teelöffel ungefähr 5 ml, beim Esslöffel sind es 15 ml.

Löffelmaße werden in Gramm so berechnet:

	1 Teelöffel (TL) in g	1 Esslöffel (EL) in g
Backpulver	3	10
Butter oder Margarine	5	10
Essig	5	10
Honig	6	20
Joghurt	–	17
Kräuter	2	5
Marmelade oder Gelee	5	10
Mayonnaise	–	15
Mehl	5	10
Milch	–	15
Nüsse	5	10
Öl	4	12
Paniermehl	–	10
Puderzucker	3	10
Pulvergewürze (z. B. Curry)	4	10
Quark	10	25
Sahne, flüssig	–	10
Salz	5	15
Senf	5	15
Sojasoße	5	15
Tomatenmark	5	15
Zitronensaft	5	15
Zucker	5	15

In den Rezepten ab Seite 38 finden Sie verschiedene Angaben, die wir hier einmal im Überblick erläutern:

Die Rezepte gelten in der Regel für **4 Personen**, wenn nicht anders angegeben.

Die **Nährwerte** der einzelnen Gerichte, die Sie am Ende des jeweiligen Rezepts finden, wurden pro Portion berechnet. Aber es gibt auch Ausnahmen. Dann haben wir die Angaben für ein Stück, eine Scheibe, einen Spieß oder einen Tee- oder Esslöffel berechnet.

In der **Zutatenliste** einiger Rezepte wird Gemüsebrühe aufgeführt. Vielleicht stellen Sie diese selbst her — wenn nicht, können Sie auch fertige kaufen. Wir empfehlen gekörnte, lösliche Brühe. Wenn Sie Geschmacksverstärker wie Glutamat oder Hefeextrakt vermeiden möchten, sollten Sie einen genauen Blick auf die Angaben zu den Inhaltsstoffen werfen.

Wenn für Rezepte **Eier** benötigt werden, sollten Sie die Gewichtsklasse M wählen.

Der **Stielansatz von Tomaten** enthält das natürliche Gift Solanin. In ausgereiften roten Tomaten ist die Konzentration allerdings so gering, dass Sie keine Bedenken haben müssen. Ob Sie den Stielansatz herausschneiden oder nicht, bleibt also Ihnen überlassen.

Das Symbol bei den Rezepten steht für ein vegetarisches Gericht.

Frühling

SPINATSUPPE

TRADITIONELLES GEMÜSE – MAL GANZ ANDERS

ZUTATEN

1 EL	Rapsöl
1	Knoblauchzehe
1	Zwiebel
1 Bund	Suppengemüse (z. B. 1 Möhre, ¼ Sellerie, ½ Porree, Petersilie)
1	Kartoffel
500 g	frischer Spinat
1 l	Gemüsebrühe Salz, Pfeffer, Zucker

1 Knoblauch und Zwiebel schälen und fein würfeln. In erhitztem Rapsöl glasig dünsten.

2 Das Suppengemüse putzen, waschen und in kleine Würfel schneiden, zu den Zwiebeln geben und mitdünsten.

3 Kartoffel waschen, schälen, fein reiben und zu dem Gemüse geben.

4 Den Spinat waschen und verlesen, zu der Kartoffel und dem Gemüse geben, die Gemüsebrühe dazugießen und alles

10 Minuten köcheln lassen. Die fertige Suppe gleichmäßig pürieren und kräftig mit Salz, Pfeffer und einer Prise Zucker abschmecken.

Energie 80 kcal · Fett 4 g ·
Kohlenhydrate 6 g ·
Eiweiß 5 g · Ballaststoffe 3 g

TIPP Beim Einkauf sollten Sie darauf achten, dass frischer Spinat keine Flecken oder gelben Stellen hat. Spinat soll möglichst frisch gegessen und nicht länger als 2 bis 3 Tage im Kühlschrank aufbewahrt werden. Außerhalb der Spinatsaison können Sie tiefgekühlten Blattspinat verwenden.

SPARGELCREMESUPPE

KLASSIKER MIT PFIFF

ZUTATEN

1 kg	weißer Spargel
1 l	Wasser
je 1 TL	Zucker, Salz
2 EL	Zitronensaft
30 g	Butter oder Margarine
30 g	Mehl
100 ml	Sahne
1 EL	gehackte Petersilie

1 Spargel schälen und in 2 Zentimeter breite Stücke schneiden, in ein feuchtes Tuch einschlagen.

2 Spargelschalen gründlich waschen, 30 Minuten kochen, abseihen. Die Kochflüssigkeit auffangen und Zucker, Zitronensaft und Salz dazugeben.

3 Die Spargelstücke in diesem Sud bissfest kochen.

4 Aus Butter, Mehl und der Kochflüssigkeit eine Mehlschwitze herstellen (s. u.). Sahne unterziehen und abschmecken. Die Suppe zugeben, einrühren und die gehackte Petersilie darüberstreuen.

Energie 200 kcal · Fett 15 g · Kohlenhydrate 12 g · Eiweiß 5 g · Ballaststoffe 3 g

TIPP Mehlschwitze, auch Einbrenne genannt, ist ein Bindemittel für Soßen und gebundene Suppen, manchmal wird sie auch zum Binden von Gemüse eingesetzt. Dafür die Butter leicht erhitzen, dann das Mehl zugegeben. Wenn auf dem Topfboden ein weißer Belag entsteht, mit der Flüssigkeit ablöschen. Wird das Mehl hellbraun angeröstet, verstärkt das den Geschmack, was z. B. für eine Senfsoße günstig ist.

39

Feines KRESSESÜPPCHEN

LEICHTE, SCHNELLE VORSPEISE

ZUTATEN

1 EL	Rapsöl
1	Zwiebel
3	Kressekästchen
1 l	Gemüsebrühe
20 g	Mehl
100 g	Frischkäse
	Salz, Pfeffer, Muskat

VARIATION

Je nach Wunsch können Sie die Zwiebel auch in Butter oder Margarine andünsten.

1 Rapsöl in einem Topf erhitzen. Die Zwiebel schälen, in feine Würfel schneiden, in das Öl geben und einige Minuten andünsten. Die Kresse abschneiden, einen Teil zur Seite legen und später als Dekoration auf der Suppe verwenden. Den anderen Teil fein schneiden, zu den Zwiebeln in den Topf geben und einige Minuten dünsten. Das Mehl darüberstäuben.

2 Unter Rühren mit der Gemüsebrühe ablöschen, salzen, pfeffern und mit Muskat bestreuen. Einige Minuten köcheln lassen.

3 Den Frischkäse zu der Brühe geben und alles sehr fein pürieren. Die Suppe nochmals abschmecken und in eine vorgewärmte Suppenschüssel geben, mit Kresse bestreuen.

Energie 65 kcal · Fett 4 g · Kohlenhydrate 5 g · Eiweiß 3 g · Ballaststoffe 1 g

TIPP

Gut schmecken Croûtons dazu.

LACHSTERRINE mit Kräuterjoghurt

GERINGER AUFWAND – GROSSE WIRKUNG

ERGIBT
CA. 12 SCHEIBEN

FÜR DIE LACHSTERRINE

300 g	Lachsfilet
50 g	Räucherlachs
2	Eier
200 ml	Sahne
1 EL	gehackter frischer Dill
	Salz, Pfeffer

FÜR DEN KRÄUTERJOGHURT

200 g	Joghurt
2 EL	gehackte, frische Kräuter (z. B. Petersilie)
1 TL	Senf
	Salz, Pfeffer, Zucker

LACHSTERRINE

1 Die Fettpfanne in den Backofen setzen und Wasser einfüllen. Den Backofen auf 120 °C vorheizen.

2 Lachsfilet in kleine Würfel schneiden. Die Hälfte mit Salz und Pfeffer würzen und mit dem Pürierstab fein pürieren.

3 Die Eier und die Sahne mit dem Handrührgerät unter den pürierten Fisch rühren. Die übrigen Lachswürfel und den in Würfel geschnittenen Räucherlachs unter die Farce ziehen.

4 Den Dill waschen, hacken und unter die Farce heben. Eine Kastenform (25 cm) mit Backpapier auslegen, die Farce einfüllen.

5 Die Form mehrmals auf ein dickes Tuch stoßen, damit sich die Hohlräume auflösen. Die Terrine 30 Minuten in der Fettpfanne im Backofen garen.

6 Terrine abkühlen lassen, mit Hilfe des Backpapiers aus der Form nehmen und in ca. 12 Scheiben schneiden. Wenn Sie die Lachsterrine als Beilage oder Snack für Gäste verwenden, können Sie die Scheiben auch dünner schneiden.

KRÄUTERJOGHURT

1 Joghurt mit Senf, Salz, Pfeffer und Zucker glatt rühren.

2 Kräuter waschen, zu dem Joghurt geben und abschmecken.

Auf einem Dessertteller mit Blattsalat und einer dünnen Zitronenscheibe anrichten.

Pro Scheibe: Energie 125 kcal · Fett 10 g · Kohlenhydrate 1 g · Eiweiß 8 g · Ballaststoffe 0 g

TIPP

Lässt sich sehr gut vorbereiten, wenn Gäste erwartet werden.

Feiner GEMÜSESALAT

BUNTE VORSPEISE MIT BISS

ZUTATEN

500 g	weißer Spargel
500 g	grüner Spargel
2 EL	Rapsöl
250 g	Zuckerschoten
3	Tomaten
1 Bund	Rucola
50 g	Pinienkerne oder Sonnenblumenkerne
3 EL	Kräuteressig
1 EL	körniger Senf
1 EL	Honig
4 EL	Öl
	Salz, Pfeffer, Zucker

VARIATION

Sie können auch jedes andere Gemüse für den Salat verwenden. Anstelle von Rucola eignen sich auch andere Blattsalate.

1 Den weißen Spargel schälen und in gleichmäßig große Stücke schneiden. Den grünen Spargel waschen und auch in gleichmäßig große Stücke schneiden.

2 Das Rapsöl in einer Pfanne erhitzen, den Spargel darin bissfest garen.

3 Die Zuckerschoten waschen, trocken schleudern, zum Spargel geben und 5 Minuten mitgaren. Erkalten lassen.

4 Tomaten waschen, in feine Streifen schneiden und zum Spargel geben.

5 Rucola waschen, trocken schleudern, in Streifen schneiden und ebenfalls zum Spargel geben.

6 Aus Essig, Senf, Honig, Öl, Salz, Pfeffer und Zucker eine Salatsoße zubereiten, über das Gemüse gießen und mindestens eine Stunde ziehen lassen.

7 Pinienkerne in einer Pfanne ohne Fett rösten und über dem Salat verteilen.

Energie 340 kcal · Fett 25 g · Kohlenhydrate 17 g · Eiweiß 12 g · Ballaststoffe 8 g

43

SPARGELSALAT im Glas

IDEAL, UM GÄSTE MIT ETWAS BESONDEREM ZU VERWÖHNEN

ZUTATEN

1 kg	Spargel
1 l	Wasser
1 TL	Zitronensaft
4 EL	Rapsöl
3 EL	Kräuteressig
1 TL	Kräutersenf
1 EL	frische Kräuter (z. B. Schnittlauch, Petersilie)
150 g	Räucherlachs
150 g	geräucherte Forellenfilets
	Salz, Pfeffer, Zucker

1 Spargel waschen, schälen, holzige Enden abschneiden. Die Stangen in 2 bis 3 Zentimeter große Stücke schneiden.

2 Wasser mit je ½ TL Salz, Zucker und dem Zitronensaft aufkochen. Die Spargelstücke darin 10 Minuten garen. Herausnehmen und gut abtropfen lassen.

3 Essig, Salz, Pfeffer und Zucker verrühren, Öl und Senf unterschlagen. Die Kräuter waschen, hacken, zum Dressing geben.

4 Lachs und Forellenfilets in mundgerechte Stücke schneiden.

5 Spargel und Fisch in 4 Gläser schichten und dabei immer etwas Salatdressing dazwischengeben.

Energie 250 kcal · Fett 18 g · Kohlenhydrate 4 g · Eiweiß 19 g · Ballaststoffe 2 g

TIPP

Sie erkennen frischen Spargel daran, dass er beim Aneinanderreiben quietscht. In ein feuchtes Tuch gewickelt hält er sich 2 bis 3 Tage im Kühlschrank. Experimentieren Sie mit verschiedenen Sorten; außer weißem Spargel gibt es auch grünen und violetten.

45

SPINATSALAT

DEFTIGE FRISCHE MIT FEINEM AKZENT

ZUTATEN

250 g	Spinat
1	säuerlicher Apfel (z. B. Elstar)
100 g	Räucherlachs
200 g	Joghurt
3 EL	Sahne
2 EL	blättrig geschnittene Haselnüsse Zitronensaft, Salz, Zucker

VARIATION

Statt Spinat können Sie z. B. auch Feldsalat verwenden.

1 Den Spinat verlesen, Stiele entfernen, waschen und in einem Sieb gut abtropfen lassen. Größere Blätter in mundgerechte Stücke schneiden.

2 Den Apfel waschen, das Kerngehäuse herausschneiden und grob raspeln. Mit Zitronensaft beträufeln.

3 Räucherlachs in dünne Streifen schneiden.

4 Für die Soße Joghurt, Sahne, Salz, Pfeffer und Zucker verrühren, einige Spritzer Zitronensaft dazugeben, abschmecken.

5 Die vorbereiteten Salatzutaten in eine Schüssel füllen. Die Soße darübergießen und mit den Nüssen bestreuen. Sofort servieren und erst am Tisch mischen.

Energie 155 kcal · Fett 10 g · Kohlenhydrate 7 g · Eiweiß 9 g · Ballaststoffe 2 g

TIPP
Für Salate eignet sich besonders gut der sogenannte Babyspinat.

BLUMENKOHLSALAT

TRADITIONELLES GEMÜSE, ÜBERRASCHEND VARIIERT

ZUTATEN

1	mittelgroßer Blumenkohl
200 g	Brokkoli
1 Bund	Lauchzwiebeln
150 g	Schmand
1 TL	Senf
1 EL	Kräuteressig Salz, Currypulver, Zucker

1 Den Blumenkohl und den Brokkoli putzen, waschen und in sehr kleine Röschen teilen. In kochendem Salzwasser 6 bis 8 Minuten dünsten, dann das Wasser abgießen.

2 Ein Bund Lauchzwiebeln putzen, waschen und in feine Ringe schneiden. Zum Blumenkohl-Brokkoli-Gemisch geben.

3 Aus Schmand, Senf, Kräuteressig, Salz, Zucker und Currypulver eine Salatsoße rühren, kräftig abschmecken, über den Blumenkohl geben und alles miteinander vermengen.

Energie 135 kcal · Fett 8 g · Kohlenhydrate 9 g · Eiweiß 6 g · Ballaststoffe 6 g

TIPP
Dieser Salat schmeckt kalt und warm und lässt sich gut variieren.

BUCHWEIZENTALER

HERZHAFTE ALTERNATIVE ZU KLASSISCHEN BEILAGEN

ZUTATEN

150 g	Buchweizen, geschrotet
300 ml	Gemüsebrühe (nach Bedarf etwas mehr)
1	Zwiebel
50 g	gewürfelter roher Schinken
100 g	geriebener Käse (z. B. Gouda)
1	Ei
1 TL	körniger Senf
10 g	Vollkornmehl
1 EL	gehackte Kräuter (z. B. Schnittlauch)
4 EL	Paniermehl
2 EL	Rapsöl
	Salz, Pfeffer

1 Den geschroteten Buchweizen in der Gemüsebrühe 15 Minuten bei mittlerer Hitze quellen lassen. Häufig umrühren, damit nichts ansetzt.

2 Die Zwiebel schälen und in feine Würfel schneiden.

3 Den gewürfelten Schinken mit Käse, Zwiebel, Ei, Senf und Mehl zu dem Buchweizen geben, mit Salz und Pfeffer abschmecken. Die Kräuter zufügen.

4 Das Paniermehl dazugeben, bis die Buchweizenmasse so fest ist, dass kleine flache Plätzchen geformt werden können.

5 Das Öl erhitzen und die Plätzchen von beiden Seiten goldbraun braten.

Die Buchweizentaler sind eine prima Beilage beispielsweise zu Putengeschnetzeltem in Senfrahm (s. S. 88).

Energie 260 kcal · Fett 14 g · Kohlenhydrate 19 g · Eiweiß 14 g · Ballaststoffe 2 g

TIPP

Zwiebeln sollten Sie nie hacken, sondern immer mit einem scharfen Messer in kleine Würfel schneiden. Beim Hacken werden Bitterstoffe freigesetzt.

Feine FISCHSUPPE

ANSPRUCHSVOLLES FÜR GENIESSER

ZUTATEN

2	Möhren
1	Staudensellerie
2	Zwiebeln
4	Knoblauchzehen
2	Tomaten
2 EL	Rapsöl
2 l	Fischsud oder Gemüsebrühe
500 g	Fisch (z. B. Seelachsfilet, Kabeljau)
750 ml	Weißwein
½ TL	Thymianblättchen
2	Lorbeerblätter
1 Msp.	Safranfäden
125 g	Schmand

VARIATION

Wenn Kinder mitessen, können Sie den Wein durch Gemüsebrühe ersetzen.

1 Die Möhren und den Staudensellerie waschen, schälen und in kleine Würfel schneiden.

2 Die Zwiebeln und den Knoblauch schälen und in kleine Würfel schneiden.

3 Die Tomaten waschen und in kleine Würfel schneiden.

4 Das Öl erhitzen und das Gemüse kurz darin anbraten.

5 Den Sud zugeben und das Gemüse 20 Minuten garen.

6 Den gewürfelten Fisch und den Weißwein zufügen.

7 Die Gewürze zugeben und weitere 10 Minuten garen.

8 Dann die Lorbeerblätter entfernen und die Suppe pürieren.

9 Die Suppe abschmecken und den Schmand unterziehen.

Energie 410 kcal · Fett 14 g · Kohlenhydrate 14 g · Eiweiß 27 g · Ballaststoffe 4 g

KARTOFFELKÜCHLEIN

VIEL MEHR ALS EINE ÜBLICHE BEILAGE

ZUTATEN

1 kg	mehlig kochende Kartoffeln
2	Salbeiblättchen
4–5 EL	gehackte Petersilie
1	Ei
10 g	Vollkornmehl
4 EL	Paniermehl
2 EL	Rapsöl
	Salz, Pfeffer, Muskat

1 Kartoffeln waschen, schälen und 20 Minuten gar kochen. Noch heiß durch die Kartoffelpresse drücken oder mit der Gabel quetschen.

2 Kräuter waschen, hacken und zu der Kartoffelmasse geben. Das Ei sowie das Vollkornmehl ebenfalls zu der Kartoffelmasse geben, kräftig mit Salz, Pfeffer und Muskatnuss abschmecken.

3 Aus dem Kartoffelteig Küchlein formen und im Paniermehl wenden.

4 In heißem Öl beidseitig goldbraun backen.

Die Küchlein schmecken sehr gut zum Rinderfilet aus dem Ofen (s. S. 87).

Energie 255 kcal · Fett 7 g · Kohlenhydrate 39 g · Eiweiß 7 g · Ballaststoffe 3 g

TIPP
Sie können für die Kartoffelküchlein Reste von Kartoffelbrei verwenden.

STIELMUSGRATIN

GROSSMUTTERS GEMÜSE MAL ANDERS

ZUTATEN

700 g	Kartoffeln
700 g	Stielmus
1 Bund	Petersilie
1 Bund	Schnittlauch
125 ml	Milch (3,5 %)
200 g	Schmand
1	Ei
200 g	geriebener Käse (z. B. Emmentaler)
	Kräuter (z. B. Dill)
	Salz, Pfeffer, Muskat

1 Kartoffeln waschen, schälen, kochen und in dünne Scheiben schneiden. Stielmus ebenfalls putzen, waschen und in fingerdicke Streifen schneiden.

2 Die Kräuter waschen, trocken schleudern und fein hacken. Eine Auflaufform fetten, Kartoffeln und Stielmus hineinschichten.

3 Milch, Schmand, Ei, die Gewürze und die Kräuter miteinander verquirlen und über das Stielmusgratin gießen.

4 Den Käse über dem Gratin verteilen.

5 Bei 180 °C 30 Minuten überbacken.

Energie 465 kcal · Fett 27 g · Kohlenhydrate 31 g · Eiweiß 23 g · Ballaststoffe 7 g

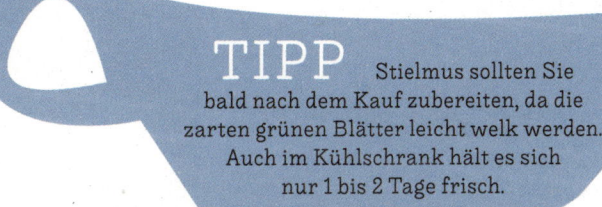

TIPP Stielmus sollten Sie bald nach dem Kauf zubereiten, da die zarten grünen Blätter leicht welk werden. Auch im Kühlschrank hält es sich nur 1 bis 2 Tage frisch.

Gefüllte GURKENSCHIFFCHEN

KREATIVE IDEE FÜR EIN ALLTÄGLICHES GEMÜSE

ZUTATEN

1	Zwiebel
1 EL	Rapsöl
150 g	ganzer Buchweizen
500 ml	Gemüsebrühe
2	Salatgurken
100 g	Käse (z. B. mittelalter Gouda)
100 g	Frischkäse
3 EL	gehackte Kräuter (z. B. Schnittlauch, Petersilie)
	Salz, Pfeffer, Paprikapulver

1 Die Zwiebel schälen und fein würfeln, in dem Rapsöl andünsten.

2 Den Buchweizen dazugeben und mitrösten.

3 Mit der Hälfte der Brühe ablöschen und ca. 15 Minuten bei kleiner Hitze kochen. Auf ein Sieb gießen und abkühlen lassen.

4 Die Gurken längs halbieren und aushöhlen.

5 Buchweizen mit der Hälfte des frisch geriebenen Käses, dem Frischkäse und den Kräutern mischen. Mit Salz, Pfeffer und Paprikapulver kräftig abschmecken. Die Gurken füllen und in eine gefettete Auflaufform setzen.

6 Mit der restlichen Brühe begießen, den übrigen Käse darauf verteilen. Im Backofen bei 180 °C 30 bis 40 Minuten backen.

Energie 370 kcal · Fett 20 g · Kohlenhydrate 32 g · Eiweiß 15 g · Ballaststoffe 3 g

TIPP

Buchweizen gibt es im gut sortierten Supermarkt, im Reformhaus und Bioladen.

GULASCHTOPF

HERRLICH HERZHAFT UND GUT VORZUBEREITEN

ZUTATEN

750 g	Gulasch, halb und halb
2	Knoblauchzehen
2	Zwiebeln
3 EL	Tomatenmark
30 g	Mehl
5	Möhren
250 g	Champignons
1 Bund	Lauchzwiebeln
1–2 EL	Johannisbeergelee
1,5 l	Gemüsebrühe
1 EL	Rapsöl zum Anbraten
	Salz, Pfeffer

VARIATION

Sie können für einen kräftigeren Geschmack einen Teil der Brühe durch Rotwein ersetzen oder Speckwürfel zur Brühe geben.

1 Das Fleisch in mundgerechte Stücke schneiden, portionsweise in einer Kasserolle anbraten und mit Salz und Pfeffer würzen.

2 Knoblauch und Zwiebeln schälen und in kleine Würfel schneiden, zu dem Fleisch geben und kurz mitbraten.

3 Tomatenmark unterrühren, Mehl darüberstäuben und kurz anschwitzen. Die Brühe angießen und aufkochen. Das Ganze zugedeckt im Ofen 1,5 Stunden bei 180 °C schmoren.

4 Möhren schälen, Champignons und Lauchzwiebeln säubern und alles in Scheiben schneiden. Nach der Hälfte der Garzeit mitschmoren lassen. Kräftig mit Salz und Pfeffer abschmecken und zum Schluss das Gelee dazugeben.

Dazu passen Nudeln oder Kartoffeln.

Energie 485 kcal · Fett 24 g · Kohlenhydrate 24 g · Eiweiß 41 g · Ballaststoffe 6 g

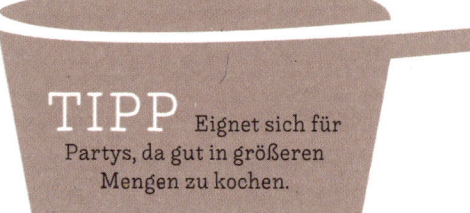

TIPP Eignet sich für Partys, da gut in größeren Mengen zu kochen.

Kernige FRIKADELLEN

DER KLASSIKER FÜR ALLE – AUF NEUE ART

FÜR DIE KRÄUTERFÜLLUNG

30 g	Sonnenblumenkerne
1 Bund	Basilikum
1 Bund	Petersilie
1	Knoblauchzehe
40 g	frisch geriebener Parmesan

FÜR DIE FRIKADELLEN

450 g	Rinderhackfleisch
2 EL	Speisequark (20 %)
1	Ei
1 TL	körniger Senf
2 EL	Rapsöl
	Salz, Pfeffer, Currypulver

VARIATION

Anstelle von Sonnenblumenkernen können Sie auch gemischte Kerne verwenden.

KRÄUTERFÜLLUNG

1 Die Sonnenblumenkerne in einer Pfanne ohne Fett rösten.

2 Basilikum und Petersilie waschen und von den Stielen zupfen, fein hacken.

3 Kräuter zu den Sonnenblumenkernen geben. Knoblauch schälen, pressen und dazugeben. Den Parmesan unter die Sonnenblumenkerne heben.

FRIKADELLEN

1 Das Hackfleisch mit dem Quark, Ei, Senf, Currypulver, Salz und Pfeffer vermengen. Aus dem Teig Frikadellen formen, flachdrücken und 1 TL Kräuterfüllung in die Mitte geben, zu Bällchen formen. Im heißen Öl 10 bis 12 Minuten braten.

Hierzu schmecken Ofenkartoffeln (s. S. 107).

Energie 390 kcal · Fett 29 g · Kohlenhydrate 3 g · Eiweiß 31 g · Ballaststoffe 0 g

TIPP

Der Quark macht die Hackfleischmasse locker und gibt dem Fleisch noch mehr Würze.

FISCHFRIKADELLEN mit Dill

SCHMECKT AUCH DENEN, DIE FISCH SONST NICHT MÖGEN

ZUTATEN

500 g	Seelachsfilet
1 EL	Zitronensaft
1	Brötchen oder
	40 g Paniermehl
1 Bund	Dill
1	Zwiebel
100 g	geriebener Käse
	(z. B. Gouda oder
	Bergkäse)
1	Ei
3 EL	Paniermehl
	Salz, Pfeffer, Muskat
2 EL	Rapsöl

1 Den Fisch abspülen, trocken tupfen und in grobe Stücke schneiden. Mit dem Zitronensaft beträufeln.

2 Das Brötchen in kaltem Wasser einweichen und 5 Minuten ziehen lassen; gut ausdrücken und fein zerpflücken.

3 Fischstücke trocken tupfen und ganz fein hacken oder mit dem Pürierstab pürieren.

4 Den Dill waschen, die Blättchen hacken.

5 Die Zwiebel schälen und in feine Würfel schneiden, zu dem Fisch geben.

6 Fisch, Brötchen oder Paniermehl, Käse, Ei und Dill zu einem Teig vermischen. Mit Salz, Pfeffer und Muskat kräftig würzen. Aus dem Teig Frikadellen formen. In Paniermehl wenden und im Fett von beiden Seiten goldbraun braten.

Hierzu schmeckt der Möhren-Kohlrabi-Salat (s. S. 76).

Energie 370 kcal · Fett 19 g · Kohlenhydrate 13 g · Eiweiß 38 g · Ballaststoffe 1 g

RHABARBERKUCHEN
mit Eischneedecke

EIN BEISPIEL FÜR VIELE MÖGLICHKEITEN MIT MÜRBETEIG

ERGIBT 12 STÜCKE

ZUTATEN

150 g	Mehl
75 g	Butter oder Margarine
75 g	Zucker
2	Eier
1 Msp.	Vanillemark
1 Msp.	Backpulver
750 g	Rhabarber
50 g	brauner Zucker
125 g	Puderzucker
1 TL	Zitronensaft
100 g	Mandelblättchen
	Salz

VARIATION

Sie können auch jedes andere Obst verwenden, z. B. Aprikosen, Johannisbeeren oder Stachelbeeren.

TIPP
Der Teig lässt sich schon einen Tag vorher zubereiten.

KUCHEN

1 Die Eier trennen. Das Mehl auf die Arbeitsfläche sieben, den Zucker darüberstreuen. Die Butter oder Margarine in kleine Stückchen schneiden und auf dem Zucker-Mehl-Gemisch verteilen. In die Mitte eine Mulde drücken. Die Eigelbe, eine Prise Salz, das Vanillemark und das Backpulver in die Mulde geben. Die Fettstückchen in das Mehl einarbeiten, dabei immer von außen nach innen vorgehen. Alles schnell zu einem glatten Teig verarbeiten. Den Teigballen in Folie einschlagen und mindestens 1 Stunde im Kühlschrank ruhen lassen.

2 Den gekühlten Teig auf der bemehlten Arbeitsfläche gleichmäßig dick ausrollen, ca. 2 cm. Den Teig so ausrollen, dass er etwas größer ist als die Fläche der Backform. Den Teig in eine gefettete Backform mit 26 cm Durchmesser legen, gleichmäßig am Rand hochziehen.

3 Rhabarber waschen, putzen und in Stücke schneiden, auf dem Boden verteilen, den Zucker gleichmäßig darüberverteilen. Den Kuchen etwa 25 bis 35 Minuten bei 170 °C backen.

4 Kurz vor Ende der Backzeit das Eiweiß sehr steif schlagen, dabei nach und nach Puderzucker und Zitronensaft hinzugeben. So lange schlagen, bis die Masse schnittfest ist.

5 Die Eiweißmasse auf den Kuchen streichen, die Mandeln darauf verteilen. Den Kuchen noch ca. 10 Minuten weiterbacken, bis die Eischneedecke goldbraun ist.

6 Den Kuchen auskühlen lassen, vorsichtig aus der Form lösen und auf eine Kuchenplatte setzen. Mit Puderzucker bestäuben.

Pro Stück: Energie 240 kcal · Fett 11 g · Kohlenhydrate 31 g · Eiweiß 5 g · Ballaststoffe 3 g

59

KIRSCH-QUARK-AUFLAUF
mit Mandelkruste

FRUCHTIGE CREME MIT KNUSPERDECKE

ERGIBT 12 STÜCKE

ZUTATEN

ca. 680 g	Sauerkirschen (1 Glas)
1 Pk.	Puddingpulver (Vanille) zum Kochen
80 g	Zucker
½ TL	Zimt
3	Eier
100 g	Butter oder Margarine
100 g	brauner Zucker
100 g	gemahlene Mandeln
500 g	Speisequark (20 %)
70 g	Grieß
1 EL	Paniermehl
2 EL	Mandelblättchen
1 EL	Puderzucker

1 Die Sauerkirschen abtropfen lassen, den Saft dabei auffangen. Bis auf einen halben Liter mit Wasser oder Apfelsaft auffüllen. 3 EL Saft mit dem Puddingpulver verrühren. Den restlichen Saft mit 30 g Zucker und etwas Zimt aufkochen, die Saft-Puddingpulver-Mischung einrühren und erneut aufkochen lassen. Die Kirschen unterheben.

2 Die Eier trennen. Das Eiweiß mit 50 g Zucker zu Schnee schlagen.

3 100 g Butter und 100 g braunen Zucker schaumig rühren. Die Eigelbe einzeln unterrühren, die gemahlenen Mandeln unterheben. Den Quark und den Grieß dazugeben und weiter rühren.

4 Den Eischnee unter die Quarkmasse heben.

5 Eine Auflaufform fetten und mit Paniermehl ausstreuen. Die Hälfte der Quarkmasse in die Form streichen, Kirschkompott darauf verteilen. Die restliche Quarkmasse darüber verteilen.

6 Im vorgeheizten Backofen bei 160 °C 40 Minuten backen.

7 Die Mandelblättchen 5 Minuten vor Backende darüberstreuen. Vor dem Servieren mit dem Puderzucker bestäuben.

Pro Stück: Energie 314 kcal · Fett 15 g · Kohlenhydrate 34 g · Eiweiß 10 g · Ballaststoffe 2 g

Schwarzwälder KIRSCHCREME

SÜSSE VERSUCHUNG MIT FRUCHT

FÜR 6 PERSONEN

ZUTATEN

ca. 680 g	Sauerkirschen (1 Glas)
2 Pk.	Puddingpulver (Vanille) zum Kochen
80 g	Zucker
500 ml	Milch (3,5 %)
150 ml	Sahne
1 Msp.	Vanillemark
50 g	geraspelte Schokolade Zimt

VARIATION

Sie können auch 3 EL Kirschwasser zu den Sauerkirschen geben.

1 Die Sauerkirschen abtropfen lassen, den Saft dabei auffangen. Bis auf einen halben Liter mit Wasser oder Apfelsaft auffüllen.

2 3 EL Saft mit einem Päckchen Puddingpulver verrühren. Den restlichen Saft mit 30 g Zucker und etwas Zimt aufkochen, Saft-Puddingpulver-Mischung einrühren und aufkochen lassen. Die Kirschen unterheben.

3 Das zweite Päckchen Puddingpulver, 50 g Zucker und 6 EL Milch glatt rühren. Die restliche Milch aufkochen. Das angerührte Puddingpulver einrühren und aufkochen. Eine Frischhaltefolie auf den Pudding legen, damit keine Haut entsteht. Erkalten lassen.

4 Die Sahne mit dem Vanillemark steif schlagen und unter den Pudding ziehen.

5 Kirschmasse, Schokolade und Pudding abwechselnd in eine Glasschüssel schichten.

Energie 375 kcal · Fett 17 g · Kohlenhydrate 51 g · Eiweiß 5 g · Ballaststoffe 1 g

TIPP Vanillezucker lässt sich leicht selbst herstellen. Dazu das Mark aus einer Vanilleschote kratzen und mit 125 g Zucker mischen. Die Masse zusammen mit der Schote in ein Glas geben und verschließen. Nach einer Woche hat der Zucker das Vanillearoma vollständig aufgenommen.

61

KOKOS-VANILLECREME
mit Rhabarber

KLASSIKER MIT EXOTISCHER NOTE

FÜR DEN PUDDING

1 Pk.	Puddingpulver (Vanille) zum Kochen
3 EL	Zucker
300 ml	Milch (3,5 %)
200 ml	Kokosmilch (ungesüßt)

FÜR DAS RHABARBER-KOMPOTT

500 g	Rhabarber
250 ml	Apfelsaft
2 EL	Zucker
1 EL	Puddingpulver (Vanille) zum Kochen
	Melisseblättchen zum Verzieren

VARIATION

Das Kompott können Sie auch mit Sauerkirschen oder Johannisbeeren zubereiten. Anstelle der Kokosmilch können Sie auch normale Milch verwenden.

PUDDING

1 Puddingpulver und Zucker mit 6 EL von der Milch glatt rühren. Kokosmilch und restliche Milch aufkochen. Das angerührte Puddingpulver einrühren und aufkochen.

2 Pudding in 4 kalt ausgespülte Puddingförmchen gießen, auskühlen lassen. Zugedeckt im Kühlschrank kalt stellen.

RHABARBERKOMPOTT

1 Rhabarber putzen, waschen und in 2 cm lange Stücke schneiden. 125 ml Apfelsaft aufkochen, Rhabarber und Zucker dazu geben und 10 Minuten dämpfen lassen.

2 125 ml Apfelsaft mit 1 EL Puddingpulver glatt rühren. Zu dem Rhabarber gießen, nochmals aufkochen. Kompott auskühlen lassen, dabei ab und zu umrühren.

3 Pudding vom Rand lösen und jeweils auf einen Dessertteller stürzen. Rhabarber darum verteilen. Mit Melisse verzieren.

Energie 200 kcal · Fett 3 g · Kohlenhydrate 38 g · Eiweiß 4 g · Ballaststoffe 3 g

Ostermenü

Suppe

KÖNIGSSUPPE

Vorspeise

KRABBENSALAT

Hauptgericht

KALBSGESCHNETZELTES

Dessert

RHABARBER-ERDBEERCREME

SUPPE
Königssuppe

ZUTATEN

½	Suppenhuhn (küchenfertig ausgenommen)
1,5 l	Wasser (gesalzen)
1 Bund	Suppengemüse (1 Möhre, ¼ Sellerie, ½ Porree, Petersilie)
30 g	Butter oder Margarine
30 g	Mehl
½ TL	Currypulver
100 ml	Sahne
40 g	Mandelblättchen
	Salz, Pfeffer, Zucker

VARIATION
Sie können die Suppe auch mit 125 ml Wein abschmecken.

1 Das Huhn von innen und außen gründlich waschen und in das kochende Salzwasser legen. Wenn die Suppe anfängt zu schäumen, mit der Kelle den Schaum abnehmen. Die Suppe ca. 1,5 Stunden köcheln lassen.

2 Das Suppengemüse putzen, würfeln und nach der Hälfte der Garzeit zum Huhn geben.

3 Das gegarte Huhn herausnehmen und die fertige Hühnerbrühe durch ein Sieb gießen. Das Huhn enthäuten, zerlegen, das Fleisch in mundgerechte Stücke schneiden und zur Seite stellen.

4 Die Butter in einem Topf zergehen lassen. Das Mehl sowie das Currypulver darüberstäuben, verrühren, mit einem Liter Hühnerbrühe ablöschen, Sahne hinzugeben und einmal aufkochen lassen. Mit Salz, Pfeffer und einer Prise Zucker abschmecken.

5 Die Mandeln in einer Pfanne ohne Fett rösten. Das Fleisch vom Suppenhuhn in die Suppe geben und erwärmen. Die Suppe in einer Terrine anrichten und mit den Mandelblättchen bestreuen.

Energie 500 kcal · Fett 41 g · Kohlenhydrate 9 g · Eiweiß 24 g · Ballaststoffe 3 g

VORSPEISE
Krabbensalat

ZUTATEN

500 g	gegarte Krabben
500 g	grüner Spargel
200 g	Erdbeeren
2 EL	frische Kräuter (z. B. Petersilie, Dill)
2 EL	Salatmayonnaise
2 EL	Joghurt
100 g	Schmand
	Salz, Pfeffer, Zucker
	Zitronenmelisse

1 Krabben in ein Sieb geben und abspülen, gut abtropfen lassen.

2 Spargel schälen und in 3 cm lange Stücke schneiden, in gesalzenem Wasser in ca. 7 Minuten knapp gar kochen. Auf ein Sieb gießen und abtropfen lassen.

3 Erdbeeren waschen, putzen und in Achtel schneiden.

4 Kräuter waschen, trocknen und fein hacken. Krabben, Erdbeeren, Spargel und Kräuter mischen. In kleine Salatschüsselchen füllen.

5 Aus Mayonnaise, Joghurt, Schmand, Salz, Pfeffer und Zucker eine Salatcreme rühren, abschmecken und über den Salat gießen. Zugedeckt kühl lagern. Vor dem Servieren mit Zitronenmelisse garnieren.

Energie 230 kcal · Fett 11 g · Kohlenhydrate 7 g · Eiweiß 25 g · Ballaststoffe 2 g

TIPP Das Suppengemüse und die restliche Hühnerbrühe können Sie pürieren, einfrieren und für eine Gemüsecremesuppe verwenden.

Kalbsgeschnetzeltes

ZUTATEN

700 g	Kalbsbraten
1 Bund	Lauchzwiebeln
250 g	Champignons
6 EL	gehackte Kräuter (z. B. Petersilie)
3 EL	Rapsöl
100 g	Schinkenwürfel
250 ml	Gemüsebrühe
10 g	Mehl
250 ml	Wasser
150 g	Schmand
	Salz, Pfeffer

1 Das Fleisch waschen, trocken tupfen, in dünne Scheiben schneiden und in ½ cm dicke Streifen schneiden.

2 Lauchzwiebeln putzen, waschen und in Ringe schneiden.

3 Champignons putzen, waschen und blättrig schneiden.

4 Die Hälfte des Öls in einem Topf erhitzen, das Fleisch in kleinen Portionen kräftig anbraten. Im restlichen Öl die Schinkenwürfel anbraten, dann Lauchzwiebeln und Champignons zugeben, 5 Minuten weiter braten und beiseite stellen.

5 Das Fleisch in die Gemüsebrühe geben und 30 Minuten garen.

6 Champignons, Schinkenwürfel und Lauchzwiebeln dazugeben und einmal aufkochen.

7 Das Mehl mit Wasser glatt rühren, in die kochende Brühe einrühren und einmal aufkochen lassen. Mit Salz und Pfeffer abschmecken. Den Schmand sowie die Kräuter zufügen.

Dazu schmecken Rösti (s. S. 134) oder Kartoffelküchlein (s. S. 50), als frische Beilage grüner Salat.

Energie 500 kcal · Fett 34 g · Kohlenhydrate 7 g · Eiweiß 42 g · Ballaststoffe 3 g

RhabarberErdbeercreme

ZUTATEN

500 g	Rhabarber
100 g	Zucker
2 EL	Puddingpulver (Vanille) zum Kochen
500 g	Erdbeeren
50 g	Mandelblättchen
100 ml	Sahne
1 Msp.	Vanillemark

1 Rhabarber putzen, waschen, klein schneiden und mit dem Zucker mischen. Mit 2 EL Wasser in einen Topf geben und ca. 5 Minuten aufkochen. Puddingpulver mit etwas Wasser glatt rühren. Unter den Rhabarber rühren und nochmals aufkochen. Auskühlen lassen.

2 Erdbeeren waschen, putzen und in Achtel schneiden, unter den Rhabarber heben.

3 Mandeln in einer Pfanne ohne Fett goldbraun rösten.

4 Sahne mit Vanillemark steif schlagen. Rhabarber-Erdbeerkompott mit den Mandeln und der Sahne in eine Glasschüssel schichten.

Energie 320 kcal · Fett 15 g · Kohlenhydrate 39 g · Eiweiß 5 g · Ballaststoffe 7 g

Sommer

Feine GEMÜSECREMESUPPE

ELEGANTER ENERGIESPENDER

ZUTATEN

200 g	Kartoffeln
1 Stange	Porree
250 g	Champignons
1	Zwiebel
1 EL	Rapsöl
1 l	Gemüsebrühe
125 ml	Sahne
2 EL	gehackte Kräuter (z. B. Dill)
	Salz, Pfeffer, Muskat

1 Kartoffeln waschen, schälen und in Scheiben schneiden.

2 Den Porree waschen und in Scheiben schneiden. Etwas von den weißen Ringen beiseite stellen.

3 Champignons säubern und in Scheiben schneiden.

4 Die Zwiebel schälen und in kleine Würfel schneiden.

5 Das Öl erhitzen und das Gemüse unter ständigem Rühren andünsten.

6 Mit der Gemüsebrühe auffüllen und ca. 20 Minuten bei kleiner Stufe garen. Ein wenig Gemüse herausnehmen und beiseite stellen.

7 Die Suppe pürieren, die Sahne hinzufügen. Mit Salz, Pfeffer und Muskat abschmecken.

8 Das Gemüse und die beiseite gelegten Porreeringe zufügen.

9 Beim Anrichten die Suppe mit gehackten Kräutern verzieren.

Energie 180 kcal · Fett 13 g · Kohlenhydrate 9 g · Eiweiß 5 g · Ballaststoffe 2 g

TIPP

Schmeckt besonders gut mit einer Scheibe kräftigem Landbrot.

Kalte GURKENSUPPE

SCHNELLE VORSPEISE FÜR HEISSE TAGE

ZUTATEN

1	Salatgurke
1	Knoblauchzehe
2 EL	Rapsöl
50 g	Walnusskerne
500 g	Joghurt
200 g	Schmand
	Salz, Pfeffer, Dill

1 Die Gurke waschen und schälen. Die Knoblauchzehe schälen.

2 Gurke, Knoblauch, Öl, Walnüsse, Joghurt und Schmand in der Küchenmaschine pürieren und mit Salz und Pfeffer abschmecken.

3 Vor dem Servieren mit Dill verzieren.

Energie 345 kcal · Fett 30 g · Kohlenhydrate 10 g · Eiweiß 9 g · Ballaststoffe 2 g

TIPP
Sie können einige Walnusskerne zurückbehalten und damit ebenfalls die Suppe verzieren.

Bunter GEMÜSEKUCHEN

IDEAL, UM RESTE ZU VERWERTEN

**ERGIBT
CA. 12 SCHEIBEN**

ZUTATEN

2	Zwiebeln
1 EL	Rapsöl
500 g	Spargel
3	Möhren
250 g	Stangenbohnen
20 g	Mehl
5	Eier
100 g	Frischkäse
50 g	geriebener Käse (z. B. Bergkäse oder Emmentaler)
	Kräuter (z. B. Schnittlauch)
	Salz, Pfeffer

VARIATION

Sie können auch andere Gemüsearten verwenden. Der Gemüsekuchen eignet sich hervorragend, um Reste zu verbrauchen.

1 Die Zwiebeln schälen und würfeln. In dem Rapsöl 5 Minuten braten.

2 Den Spargel schälen und in Salzwasser 5 Minuten garen. Die Möhren putzen, schälen und in Scheiben schneiden. Zu dem Spargel geben, weitere 5 bis 8 Minuten garen, herausnehmen. Die Bohnen putzen und waschen, in dem Salzwasser 5 Minuten garen.

3 Das Mehl erst mit einem Ei verquirlen. Dann die übrigen Eier und den Frischkäse mit den Kräutern vermischen und dazugeben. Mit Salz und Pfeffer kräftig abschmecken.

4 Eine Kastenform (26 cm) mit Backpapier auslegen. Spargel, Zwiebeln, Möhren und Bohnen schichtweise einfüllen. Dabei immer etwas Eimasse

darauf verteilen. Die restliche Eimasse in die Form gießen. Bei 180 °C 60 Minuten backen. 5 Minuten vor Backende den geriebenen Käse darüberstreuen und fertig backen.

Pro Scheibe: Energie 100 kcal · Fett 6 g · Kohlenhydrate 5 g · Eiweiß 6 g · Ballaststoffe 2 g

TIPP Bundmöhren werden von Mai bis Juni mitsamt Möhrengrün geerntet. Zum Lagern das grüne Kraut abschneiden, da es den Möhren viel Feuchtigkeit entzieht.

RADIESCHENSALAT

KNACKIGE VORSPEISE MIT PEP

ZUTATEN

1 Bund	Radieschen
1	kleiner Rettich
1	Apfel
100 g	Joghurt
2 EL	Zitronensaft
2 EL	Rapsöl
½	Kressekästchen
	Salz, Pfeffer, Zucker

1 Die Radieschen waschen, den Rettich schälen und waschen.

2 Den Apfel waschen, vierteln und das Kerngehäuse entfernen.

3 Radieschen, Rettich und Apfel grob raspeln.

4 Für das Dressing die restlichen Zutaten (ohne die Kresse) miteinander verrühren und abschmecken.

5 Die Salatzutaten auf Glasteller anrichten und mit dem Dressing begießen.

6 Vor dem Servieren mit Kresse bestreuen.

Energie 96 kcal · Fett 7 g · Kohlenhydrate 6 g · Eiweiß 2 g · Ballaststoffe 1 g

TIPP Wenn Sie geriebenen Käse zu dem Salat geben und ihn auf einer Scheibe Vollkornbrot servieren, ergibt sich eine vollständige Mahlzeit.

SOMMERSALAT

BRINGT FARBE AUF DEN TELLER

ZUTATEN

750 g	Kartoffeln
1	Salatgurke mit Schale
2	rote Paprikaschoten
ca. 280 g	Mais (1 Dose)
100 g	Joghurt
2 EL	Mayonnaise
1 TL	Senf
2 Tr.	Tabasco
1 Bund	Petersilie
1 Bund	Dill
	Salz, Pfeffer

1 Die Kartoffeln kochen, abkühlen lassen und in kleine Würfel schneiden.

2 Die Gurke waschen und in kleine Würfel schneiden.

3 Die Paprikaschoten waschen, Kerne entfernen und in kleine Würfel schneiden.

4 Den Mais gut abtropfen lassen.

5 Joghurt, Mayonnaise, Senf und die Gewürze zu einer Salatsoße verrühren.

6 Die Kräuter waschen, trocknen und klein schneiden.

7 Alle Zutaten miteinander vermengen und abschmecken.

Passt gut zu Kurzgebratenem wie Steaks.

Energie 260 kcal · Fett 7 g · Kohlenhydrate 39 g · Eiweiß 8 g · Ballaststoffe 7 g

BOHNEN-KÄSE-SALAT

AUSGEFALLENE KOMBINATION VON ALLTÄGLICHEN ZUTATEN

ZUTATEN

500 g	Stangenbohnen
4	Tomaten
1	Zwiebel
250 g	Camembert
ca. 280 g	Mais (1 Dose)
1	Knoblauchzehe
1 EL	Rapsöl
200 ml	saure Sahne
	Salz, Pfeffer

1 Die Bohnen putzen, waschen, in kleine Stücke schneiden und in wenig Salzwasser in ca. 20 Minuten bissfest garen. Abtropfen und abkühlen lassen.

2 Tomaten halbieren und in dünne Scheiben schneiden.

3 Die Zwiebel schälen und in feine Würfel schneiden.

4 Camembert in kleine Würfel schneiden.

5 Den Mais gut abtropfen lassen.

6 Den Knoblauch schälen und in kleine Würfel schneiden, mit den übrigen Zutaten zu einer Salatsoße vermengen.

7 Alle Zutaten miteinander vermischen und abschmecken.

Energie 405 kcal · Fett 27 g · Kohlenhydrate 19 g · Eiweiß 20 g · Ballaststoffe 5 g

TIPP
Nach Geschmack mit kurz angebratenen Schinkenwürfeln garnieren.

MÖHREN-KOHLRABI-SALAT

FRISCH, GESUND, LECKER

ZUTATEN

1	Möhre
1	Kohlrabi
100 g	Radieschen
100 g	Joghurt
1 EL	Zitronensaft
1	kleine Zwiebel
	Kerbel
	Salz, Pfeffer, Zucker

1 Die Möhre und den Kohlrabi waschen und schälen. Die Radieschen waschen. Danach alles grob raspeln.

2 Joghurt, Zitronensaft und die Gewürze verrühren.

3 Die Zwiebel schälen und in feine Würfel schneiden.

4 Kerbel waschen, trocknen und grob hacken.

5 Alle Zutaten miteinander vermengen und abschmecken.

Energie 35 kcal · Fett 1 g · Kohlenhydrate 4 g · Eiweiß 2 g · Ballaststoffe 1 g

TIPP Glasteller mit Salatblättern auslegen, den Salat darauf anrichten.

BIRNE mit Kräutercreme

KREATIVE KOMBINATION, SCHNELL ZUBEREITET

ZUTATEN

2	große, weiche Birnen
1 EL	Zitronensaft
½	Knoblauchzehe
½ Bund	Petersilie
½ Bund	Dill
1 EL	Essig
1 EL	Rapsöl
100 g	Frischkäse

1 Die Birnen waschen, halbieren und das Kerngehäuse großzügig entfernen. Mit dem Zitronensaft beträufeln.

2 Die Knoblauchzehe schälen und in kleine Würfel schneiden.

3 Petersilie und Dill waschen und fein hacken.

4 Frischkäse mit dem Knoblauch, Kräutern, Essig und Öl vermischen.

5 Die Birnen mit der Masse füllen.

Dazu Baguette oder Toastbrot reichen.

Energie 125 kcal · Fett 7 g · Kohlenhydrate 12 g · Eiweiß 3 g · Ballaststoffe 3 g

QUICHE nach Landfrauenart

BODENSTÄNDIGES, AUCH FÜR FEINSCHMECKER

**ERGIBT
CA. 12 STÜCKE**

ZUTATEN

250 g	Vollkornmehl
150 g	kalte Butter oder Margarine
4	Eier
1	Zucchini
150 g	Kochschinken
2	Paprikaschoten
2	Tomaten
250 ml	saure Sahne
150 g	geriebener Käse (z. B. Emmentaler)
	Salz, Pfeffer, Paprikapulver, Majoran, Thymian

VARIATION

Die Paprikaschoten können auch durch in Scheiben geschnittene Champignons ersetzt werden.

1 Das Mehl mit Butter, einem Ei, 2 EL Wasser und 1 TL Salz zu einem Mürbeteig verarbeiten. Diesen kurz kalt stellen, dann eine gefettete Springform damit auslegen. Den Teig bei 180 °C ca. 15 Minuten vorbacken.

2 Die Zucchini waschen und in kleine Würfel schneiden.

3 Den Kochschinken in kleine Würfel schneiden.

4 Die Paprika und Tomaten waschen und würfeln.

5 Das Gemüse auf den vorgebackenen Teig geben und mit Salz, Pfeffer, Majoran und Thymian würzen.

6 Aus den 3 Eiern, der Sahne, Salz, Pfeffer, Paprikapulver und Käse eine Masse herstellen und diese über das Gemüse gießen. Die Quiche 40 bis 50 Minuten bei 180 °C backen.

Pro Stück: Energie 300 kcal · Fett 21 g · Kohlenhydrate 15 g · Eiweiß 13 g · Ballaststoffe 3 g

TIPP
Die Quiche eignet sich gut zur Verwertung von Gemüseresten.

GRÜNKERN-KARTOFFEL-GRATIN

HERZHAFTES MIT BISS

ZUTATEN

200 g	Grünkern
500 ml	Gemüsebrühe
1	rote Paprikaschote
1	Zwiebel
500 g	Kartoffeln
1 EL	Rapsöl
125 ml	Sahne
3 EL	gemischte Kräuter
3	Eier
3	Tomaten
150 g	geriebener Käse (z. B. Emmentaler)
	Salz, Pfeffer

1 Den Grünkern in der Gemüsebrühe 30 Minuten kochen und auf ausgeschalteter Platte 15 Minuten ziehen lassen.

2 Grünkern mit Salz und Pfeffer würzen.

3 Die Paprika waschen, vom Kerngehäuse befreien und in kleine Würfel schneiden.

4 Die Zwiebel schälen und in kleine Würfel schneiden.

5 Die Kartoffeln waschen, schälen und in kleine Würfel schneiden.

6 Öl in der Pfanne erhitzen, das Gemüse und die Kartoffeln darin andünsten und ca. 10 Minuten garen.

7 Die Sahne mit den Kräutern und den Eiern verquirlen und unter das Gemüse ziehen. Den Grünkern ebenfalls unter die Masse ziehen. Alles in eine gefettete Auflaufform geben.

8 Die Tomaten waschen und in Scheiben schneiden, diese oben auflegen. Mit dem geriebenen Käse bestreuen und bei 200 °C ca. 40 Minuten überbacken.

Dazu schmeckt gut ein frischer Salat.

Energie 470 kcal · Fett 29 g · Kohlenhydrate 31 g · Eiweiß 21 g · Ballaststoffe 4 g

INFO Der Grünkern zählt zum Getreide und wird aus halbreifem Dinkel gewonnen. Mit einem speziellen Verfahren wird er getrocknet und geröstet, wodurch das Korn seinen typisch kräftigen, würzigen Geschmack erhält.

GEMÜSELASAGNE

WIE EIN URLAUBSTAG IN ITALIEN

ZUTATEN

1	Knoblauchzehe
750 g	Sommergemüse (z. B. Zucchini, Möhren, Spitzkohl, Lauchzwiebeln, Kohlrabi)
100 g	Frischkäse
2 EL	Kräuter (z. B. Dill, Thymian)
2 EL	Basilikum
125 ml	Sahne
6	Lasagneblätter (ohne Vorkochen)
125 g	Mozzarella
	Salz, Pfeffer
	Butter oder Margarine

1 Die Knoblauchzehe schälen und in kleine Würfel schneiden.

2 Das Gemüse vorbereiten: Die Möhren und den Kohlrabi schälen, klein schneiden. Den Spitzkohl waschen, gegebenenfalls von welken Blättern befreien, in schmale Streifen schneiden. Die Zucchini in dünne Scheiben und die Lauchzwiebeln in Ringe schneiden.

3 Den Frischkäse zuerst mit den Kräutern, dann mit dem gehackten Basilikum, dem Gemüse und der Sahne mischen und in einer geschlossenen Pfanne ca. 9 Minuten erhitzen.

4 Das Gemüse mit Salz und Pfeffer abschmecken.

5 Zwei Lasagneblätter in eine mit der Butter gefettete Auflaufform legen und das Gemüse daraufgeben. Nudeln und Gemüse im Wechsel einschichten.

6 Mozzarella in Scheiben schneiden und oben auflegen.

7 Bei 200 °C 15 bis 20 Minuten überbacken.

Dazu passt ein frischer Tomatensalat.

Energie 295 kcal · Fett 21 g · Kohlenhydrate 14 g · Eiweiß 12 g · Ballaststoffe 4 g

BOHNENTOPF

RUSTIKALER EINTOPF, NICHT NUR FÜR KÜHLE ABENDE

ZUTATEN

750 g	Kartoffeln
2,5 kg	dicke Bohnen
2	Zwiebeln
1 EL	Rapsöl
1 TL	Rosmarin
½ TL	Kümmel
2 EL	Paprikapulver
300 ml	Gemüsebrühe
200 g	Bauchfleisch (in Scheiben)
200 g	Schmand
20 g	Mehl
	Salz, Pfeffer

VARIATION

Ohne Fleisch ist das Gericht auch für Vegetarier ein Genuss.

1 Die Kartoffeln waschen, schälen und in kleine Würfel schneiden. Die Bohnen pulen.

2 Die Zwiebeln schälen und in kleine Würfel schneiden.

3 Das Öl erhitzen, Zwiebeln und Gewürze dazugeben, kurz anbraten.

4 Nun die Kartoffeln und Bohnen dazugeben und kurz mit andünsten.

5 Mit der Gemüsebrühe ablöschen, das Bauchfleisch dazugeben und ca. 15 Minuten garen.

6 Schmand und Mehl verrühren, dann unter das Gemüse rühren, noch weitere 5 Minuten kochen lassen, gelegentlich umrühren.

Energie 475 kcal · Fett 14 g · Kohlenhydrate 61 g · Eiweiß 23 g · Ballaststoffe 10 g

WIRSINGSÄCKCHEN mit Frischkäse-Schinken-Füllung

SO ÜBERRASCHT MAN MIT EINEM KLASSISCHEN GEMÜSE

ZUTATEN

1	kleiner Wirsing
100 g	Kochschinken
2	Eier
200 g	Frischkäse
1	kleine Zwiebel
1 EL	Rapsöl
500 g	Tomatenwürfel
1 Bund	Basilikum
	Salz, Pfeffer

1 Den Wirsing in einzelne Blätter zerlegen und diese in Salzwasser ca. 4 Minuten garen lassen, herausnehmen und mit kaltem Wasser abschrecken.

2 Den Kochschinken in kleine Würfel schneiden.

3 Eier, Frischkäse, Salz, Pfeffer und den Kochschinken zu einer Masse verarbeiten.

4 Wirsingblätter mit einem Esslöffel der Masse füllen und vorsichtig mit Garn zusammenbinden.

5 Die Zwiebel schälen und in feine Würfel schneiden, im Öl glasig dünsten, mit den Tomatenwürfeln angießen und würzen. Die Wirsingsäckchen in die Soße setzen und 10 Minuten bei geschlossenem Topf ziehen lassen.

6 Das Basilikum waschen, trocken tupfen und klein schneiden, zum Anrichten über die Päckchen streuen.

Dazu schmecken gut Salzkartoffeln und grüner Salat.

Energie 270 kcal · Fett 16 g · Kohlenhydrate 10 g · Eiweiß 21 g · Ballaststoffe 6 g

TIPP Besonders schön sieht es aus, wenn Sie vor dem Servieren das Garn durch Schnittlauchfäden ersetzen. Statt mit Garn können Sie die Säckchen auch mit kleinen Spießen verschließen.

84

LACHSLASAGNE

LIEBLINGSESSEN – LÄSST SICH GUT VORBEREITEN

FÜR DIE LASAGNE

200 g	Lasagneblätter (ohne Vorkochen)
1	Zwiebel
1 EL	Rapsöl
500 g	frischer Spinat
400 g	Lachsfilet
1	Zitrone
	Salz, Pfeffer, Muskat

FÜR DIE SOSSE

1	Zwiebel
1 EL	Rapsöl
2 EL	Mehl
100 ml	Sahne
250 ml	Wasser
100 g	geriebener Käse (z. B. Emmentaler)

VARIATION

Anstelle von Lachsfilet können Sie auch Lachsforellenfilet verwenden.

LASAGNE

1 Die Zwiebel schälen und in feine Würfel schneiden.

2 1 EL Öl erhitzen und die Zwiebel darin anschwitzen, dann den gewaschenen Spinat zufügen, würzen und garen lassen.

3 Den Lachs in größere Stücke schneiden, mit Zitronensaft beträufeln und mit Salz und Pfeffer würzen.

SOSSE

1 Die Zwiebel schälen und in feine Würfel schneiden, dann in 1 EL Öl glasig dünsten.

2 Mehl zufügen und kurz anschwitzen.

3 Mit der Sahne und dem Wasser ablöschen, kurz aufkochen lassen und würzen.

4 Den Käse zufügen und verrühren.

5 In eine gefettete Auflaufform Spinat, Lasagneblätter, Lachs und Soße einschichten. Mit der Soße abschließen und dann bei 180 °C 25 bis 30 Minuten backen.

Energie 520 kcal · Fett 33 g · Kohlenhydrate 21 g · Eiweiß 34 g · Ballaststoffe 3 g

TIPP
Das Gericht eignet sich gut, wenn Gäste erwartet werden.

RINDERFILET aus dem Ofen

EXQUISITE KÖSTLICHKEIT FÜR BESONDERE TAGE

ZUTATEN

750 g	Tomaten
1	Knoblauchzehe
750 g	Champignons
1 kg	Rinderfilet
2 EL	Rapsöl
2 TL	getrocknete gemahlene Steinpilze (Steinpilzpulver)
250 g	Schmand
½ Bund	Basilikum
	Salz, Pfeffer

VARIATION

Statt Rinderfilet können Sie auch preiswerteres Fleisch verwenden, z. B. Rinderhüfte oder Roastbeef. Dann müssen Sie aber unbedingt die Garzeit verlängern.

1 Die Tomaten waschen, in Viertel schneiden, Knoblauch schälen und pressen, mit den Gewürzen zu den Tomaten geben.

2 Die Champignons in Scheiben schneiden.

3 Das Rinderfilet rundum kräftig mit Salz und Pfeffer würzen und in dem heißen Öl in einem backofenfesten Topf kräftig anbraten. Herausnehmen und nun darin die Champignons anbraten. Das Fleisch wieder in die Mitte legen, die Tomaten und Champignons zufügen.

4 Das Steinpilzpulver mit Schmand, Salz und Pfeffer verrühren und dazugeben.

5 Im vorgeheizten Backofen bei 225 °C ca. 20 Minuten garen.

6 Das Fleisch in Scheiben schneiden, wieder zu dem Gemüse geben und mit gehacktem Basilikum verzieren.

Dazu schmecken sehr gut Kartoffelküchlein (s. S. 50).

Energie 550 kcal · Fett 29 g · Kohlenhydrate 8 g · Eiweiß 63 g · Ballaststoffe 5 g

PUTENGESCHNETZELTES
in Senfrahm

RAFFINIERT, MIT FRISCHER NOTE

ZUTATEN

2	säuerliche Äpfel (z. B. Elstar, Boskop)
2 EL	Rapsöl
50 g	Schinkenwürfel
500 g	Putenfleisch
1	Zwiebel
1 Bund	Frühlingzwiebeln
1 TL	Majoran
100 ml	Apfelsaft oder Cidre
150 ml	Gemüsebrühe
200 g	Schmand
2 EL	gemischte Kräuter
2 TL	körniger Senf oder nach Geschmack
1 TL	Senf
10 g	Mehl
	Salz, Pfeffer, Zucker

1 Äpfel waschen, halbieren, entkernen und in Spalten schneiden.

2 1 EL Öl in einer Pfanne erhitzen, den Schinken darin anbraten und beiseite stellen.

3 Äpfel in dem Schinkenfett von beiden Seiten anbraten und herausnehmen.

4 Putenfleisch waschen, trocken tupfen und in feine Streifen schneiden. 1 EL Öl in die Pfanne geben, die Putenstreifen darin leicht braten und mit Salz und Pfeffer würzen.

5 Zwiebel schälen und würfeln. Frühlingszwiebeln waschen und in Scheiben schneiden. Frühlingszwiebeln und Zwiebeln kurz mit dem Fleisch braten. Majoran zufügen. Apfelsaft oder Cidre zugeben und ein wenig einkochen. Brühe und die Hälfte des Schmands zugeben, 5 Minuten schmoren.

6 Übrigen Schmand, Kräuter, Mehl und Senf verrühren, zugeben und alles aufkochen lassen. Schinken und Apfelspalten (bis auf einige für die Dekoration) kurz darin erhitzen, mit Salz, Pfeffer und Zucker abschmecken.

Hierzu schmecken Ofenkartoffeln (s. S. 107).

Energie 300 kcal · Fett 20 g · Kohlenhydrate 19 g · Eiweiß 12 g · Ballaststoffe 2 g

STACHELBEERQUARK

SCHNELLES DESSERT MIT NICHT GANZ ALLTÄGLICHEN FRÜCHTEN

FÜR 6 PERSONEN

ZUTATEN

125 ml	Apfelsaft
1 EL	Zitronensaft
150 g	Zucker
250 g	Stachelbeeren
500 g	Speisequark (20 %)
200 g	Schmand
1 Msp.	Vanillemark
10	Pistazienkerne

VARIATION

Anstelle von Stachelbeeren können Sie auch Sauerkirschen, Johannisbeeren oder Äpfel verwenden.

1 Apfel- und Zitronensaft mit 100 g Zucker ein wenig einkochen lassen.

2 Stachelbeeren hinzufügen und 5 Minuten weiterkochen lassen. Die Stachelbeeren herausnehmen und abtropfen lassen. Den Sud zu einem Sirup einkochen.

3 Speisequark, Schmand, restlichen Zucker und Vanillemark miteinander verrühren, die Stachelbeeren und den Sirup vorsichtig unterziehen.

4 In Glasschälchen anrichten und mit den Pistazien verzieren.

Energie 305 kcal · Fett 12 g · Kohlenhydrate 34 g · Eiweiß 12 g · Ballaststoffe 2 g

TIPP
Vanillezucker lässt sich sehr gut auf Vorrat selbst herstellen (s. S. 61).

QUARKCREME mit Beerenkompott

FRISCHE LECKEREI

FÜR 6 PERSONEN

ZUTATEN

600 g	gemischte Beeren (z. B. Johannisbeeren, Erdbeeren, Heidelbeeren, Himbeeren, Stachelbeeren)
1 EL	Puddingpulver (Vanille) zum Kochen
2–3 EL	Wasser
100 ml	Portwein
1	Vanilleschote
2–3 EL	Zucker
2–3 EL	Puderzucker
400 g	Speisequark (20 %)
4 EL	Zitronensaft
125 ml	Sahne
75 g	Amarettini oder Mandelkekse

VARIATION

Der Portwein kann durch Johannisbeersaft ersetzt werden.

1 Die Beeren abspülen, putzen bzw. von den Rispen entfernen.

2 Puddingpulver, Portwein und Wasser verrühren.

3 Die Vanilleschote längs halbieren, das Mark herauskratzen. Zu dem Portwein und dem Zucker geben und mit den Beeren kurz aufkochen.

4 Das Kompott in eine Schüssel geben und auskühlen lassen.

5 Den Speisequark mit dem Zitronensaft und Puderzucker glatt rühren. Die Sahne steif schlagen und unter die Masse ziehen.

6 Die Amarettini zerbröseln und schichtweise mit der Quarkspeise und dem Kompott in Dessertgläser füllen. Eine Stunde kühl stellen.

Energie 315 kcal · Fett 14 g · Kohlenhydrate 32 g · Eiweiß 11 g · Ballaststoffe 4 g

ERDBEERKONFITÜRE

SÜSSES FÜR DAS GANZE JAHR

ZUTATEN

950 g   geputzte Erdbeeren
1 kg   Gelierzucker 1:1
1 Stange Zimt
1   unbehandelte
           Apfelsine

VARIATION

Vor dem Abfüllen noch 2 EL
Orangenlikör zufügen.

1 Die Erdbeeren waschen und putzen, dann in einen hohen Topf geben.

2 Gelierzucker und Zimtstange dazugeben.

3 Die unbehandelte Apfelsine mit warmem Wasser waschen, trocknen. Die Schale mit einer Gabel oder einem Zestenreißer abziehen. Die abgeriebene Schale zu den Erdbeeren geben.

4 Die Masse über Nacht ziehen lassen.

5 Die Masse zum Kochen bringen und 4 Minuten sprudelnd kochen lassen.

6 Zimtstange herausnehmen. Die Masse sofort in Deckelgläser füllen und verschließen.

Menge/100 g:
Energie 225 kcal · Fett 0 g ·
Kohlenhydrate 54 g ·
Eiweiß 40 g · Ballaststoffe 1 g

1 EL = 10 g:
Energie 20 kcal · Fett 0 g ·
Kohlenhydrate 5 g · Eiweiß 0 g ·
Ballaststoffe 0 g

TIPP

In einem dekorativen Glas ist die Konfitüre ein schönes Mitbringsel.

HEFEPFLAUMENPLATTE

KLASSIKER FÜR GENERATIONEN

**ERGIBT
CA. 12 STÜCKE**

ZUTATEN

500 g	Mehl
42 g	frische Hefe (1 Würfel) oder 2 Tütchen Trockenhefe
75 g	Zucker
1 Msp.	Vanillemark
50 g	zerlassene Butter oder Margarine
250 ml	lauwarme Milch (3,5 %)
2	Eier
2–3 kg	Pflaumen Hagelzucker
1 Prise	Salz

VARIATION

Alternativ kann man den Kuchen mit Zimt bestreuen.

1 Mehl in eine Schüssel geben und in die Mitte eine Mulde drücken. Die Hefe hineinbröckeln, mit 1 EL von dem Zucker und mit 125 ml lauwarmer Milch in der Mulde verrühren. Mit etwas Mehl vom Rand bedecken und 20 Minuten gehen lassen.

2 Anschließend Eier, Salz, weiche Butter oder Margarine, Vanillemark sowie restliche Milch und restlichen Zucker zugeben. Alles zu einem Teig verkneten. Wenn Trockenhefe verwendet wird, können gleich alle Zutaten miteinander vermischt werden.

3 Den Teig an einem warmen Ort 20 Minuten gehen lassen.

4 Noch einmal mit den Händen gut durchkneten und auf ein mit Backpapier ausgelegtes Backblech ausrollen.

5 Die Pflaumen waschen, trocken reiben, halbieren, entsteinen und hochkant auf den Teig setzen.

6 Den Kuchen noch mal 10 bis 15 Minuten gehen lassen und dann bei 200 °C 20 bis 30 Minuten backen.

7 Den Kuchen mit Hagelzucker bestreuen.

Pro Stück: Energie 315 kcal · Fett 6 g · Kohlenhydrate 56 g · Eiweiß 8 g · Ballaststoffe 6 g

Sommerbüffet

Auftakt
BLATTSALATE
MIT VERSCHIEDENEN DRESSINGS

Blickfang
SALATTORTE

Snack
LACHS-SPINAT-ROLLE

Herzhaftes
PIZZABROT

Abschluss
MITTERNACHTSKÄSE

AUFTAKT
Blattsalate mit verschiedenen Dressings

Verschiedene Blattsalate, z. B. Eisbergsalat, Lollo Rosso, Frisée, Rucola, Kopfsalat

WALNUSSDRESSING

ZUTATEN
125 ml	Sahne
1 EL	Zitronensaft
1	Ananasscheibe
30 g	Walnüsse
2 EL	gehackte Petersilie
	Salz, Zucker

1 Die Ananasscheibe würfeln und die Walnüsse hacken.

2 Die Sahne halb steif schlagen. Die Ananaswürfel und die Walnüsse mit dem Zitronensaft vermengen und mit der Sahne verrühren.

3 Petersilie unter die Masse heben und alles mit Salz und Zucker abschmecken.

Nährwerte pro EL: Energie 60 kcal · Fett 6 g · Kohlenhydrate 1 g · Eiweiß 1 g · Ballaststoffe 0 g

SCHLEMMERSOSSE

ZUTATEN
175 ml	Dickmilch
1 TL	Paprikapulver
1 Spr.	Tabasco
1 EL	Essig
1	rote Paprikaschote
1 EL	Schnittlauch
	Pfeffer, Salz, Zucker

1 Die Dickmilch mit den Gewürzen und dem Essig glatt rühren.

2 Die Paprikaschote waschen, von den Seitenwänden befreien und fein würfeln.

3 Schnittlauch in feine Röllchen schneiden und unterheben.

Nährwerte pro EL: Energie 10 kcal · Fett 0 g · Kohlenhydrate 1 g · Eiweiß 1 g · Ballaststoffe 0 g

HONIG-SENF-DRESSING

ZUTATEN
	Saft einer halben Apfelsine
2 EL	Rapsöl
3 EL	Schmand
2 TL	Senf
4 EL	Honig (z. B. Akazienhonig)
	Salz, Pfeffer

Alle Zutaten kräftig miteinander verschlagen, sodass eine dickliche Masse entsteht.

Nährwerte pro EL: Energie 30 kcal · Fett 2 g · Kohlenhydrate 4 g · Eiweiß 0 g · Ballaststoffe 0 g

TIPP
Die restliche Ananas können Sie für Obstspieße (z. B. zusammen mit Erdbeeren, Kiwis und Weintrauben) verwenden oder einfach pur genießen.

TIPP
Akazienhonig eignet sich für Soßen besonders, da er flüssig ist und nur einen dezenten Eigengeschmack hat.

Salattorte

ZUTATEN

½	Kopfsalat
500 g	Fleischtomaten
1	Gemüsezwiebel
100 g	geriebener Käse (z. B. Bergkäse)
1 Stange	Porree
1	gelbe Paprikaschote
250 g	Gouda in Scheiben
1	kleine Zucchini
	Schnittlauch, Petersilie

1 Den Salat putzen, waschen, trocken schleudern und in eine Springform legen, sodass der Boden gut bedeckt ist.

2 Tomaten waschen, den Stielansatz entfernen und die Tomaten in dünne Scheiben schneiden. Die Scheiben auf den Salat legen.

3 Die Gemüsezwiebel schälen und in dünne Ringe schneiden, auf die Tomaten verteilen. Den geriebenen Käse darüberstreuen.

4 Den Porree waschen und in dünne Ringe schneiden, auf den Käse legen.

5 Die Paprikaschote waschen, Stiel und Seitenwände entfernen. Paprika in dünne Streifen schneiden. Auf den Porree geben. Die Goudascheiben darauflegen.

6 Die Zucchini waschen und in dünne Scheiben schneiden, oben auflegen.

7 Die Torte mit Pergamentpapier oder Backpapier abdecken und mit einem Brett beschwert 24 Stunden in den Kühlschrank stellen.

8 Die Torte stürzen und mit klein geschnittener Petersilie und Schnittlauch verzieren.

Energie 370 kcal · Fett 27 g · Kohlenhydrate 7 g · Eiweiß 24 g · Ballaststoffe 4 g

TIPP Dazu schmeckt sehr gut ein Joghurtdressing oder das Honig-Senf-Dressing (s. linke Seite).

SNACK
Lachs-Spinat-Rolle

ERGIBT CA. 20 SCHEIBEN

ZUTATEN

5	Eier
150 g	geriebener Käse (z. B. Bergkäse oder Emmentaler)
1 kg	frischer Spinat
200 g	Frischkäse
400 g	Räucherlachs
	Kräuter (z. B. Petersilie, Dill)
	Salz, Pfeffer
	evtl. Zitronensaft
	Sahnemeerrettich nach Belieben

1 Den Spinat blanchieren, gut abtropfen lassen und klein schneiden.

2 Für den Teig die Eier schaumig schlagen. Die Gewürze, den geriebenen Käse und den Spinat unter die Eiermasse mischen.

3 Das Backblech mit Backpapier auslegen und die Masse darauf verteilen. Für etwa 15 Minuten bei 200 °C backen.

4 Auskühlen lassen. Den Frischkäse mit den Kräutern mischen, dann auf die Spinat-Ei-Platte streichen.

5 Darauf den Lachs verteilen, eventuell mit Zitronensaft beträufeln.

6 Das Ganze aufrollen, in Klarsichtfolie wickeln und mindestens 6 Stunden kühlen.

7 Danach in Scheiben schneiden und nach Belieben mit Sahnemeerrettich servieren.

Dazu passt gut ein Baguette.

Pro Scheibe: Energie 185 kcal · Fett 13 g · Kohlenhydrate 1 g · Eiweiß 17 g · Ballaststoffe 1 g

HERZHAFTES
Pizzabrot

ZUTATEN

350 g	Vollkornweizenmehl
150 g	Roggenmehl, Type 1150
½ TL	Salz
1 EL	Rapsöl
25 g	Speisequark (20 %)
25 g	Hefe
300 ml	lauwarmes Wasser
2	Kochschinkenscheiben
25 g	rote Paprikaschotenwürfel
25 g	grüne Paprikaschotenwürfel
50 g	Sonnenblumenkerne
50 g	geriebener Käse (z. B. Gouda)

1 Hefe in lauwarmem Wasser auflösen.

2 Alle Zutaten bis auf den Käse und die Hälfte der Sonnenblumenkerne in der Küchenmaschine oder mit den Knethaken des Rührgeräts zu einem Hefeteig verarbeiten.

3 Den Teig 30 Minuten gehen lassen, nochmals durcharbeiten und zu 2 Stangenbroten formen. Diese auf ein Backblech legen, nochmals 30 Minuten gehen lassen.

4 Den geriebenen Käse und die andere Hälfte der Sonnenblumenkerne auf die Brote streuen, dann bei 200 °C 30 bis 40 Minuten backen.

Energie 120 kcal · Fett 3 g · Kohlenhydrate 17 g · Eiweiß 6 g · Ballaststoffe 3 g

TIPP
Statt frischem Spinat können Sie auch 450 g tiefgefrorenen Spinat verwenden.

Mitternachtskäse

ZUTATEN

400 g	Frischkäse
1	kleine Zwiebel
1	rote Paprikaschote
1	grüne Paprikaschote
1	Peperoni
	Kräuter (z. B. Majoran)
	Salz, Pfeffer

1 Die Kräuter zerkleinern. Den Frischkäse mit den Kräutern mischen und in eine Schüssel geben.

2 Die Zwiebel schälen und in sehr kleine Würfel schneiden.

3 Die Paprikaschoten waschen, vom Stielansatz und den Seitenwänden befreien und in sehr kleine Würfel schneiden.

4 Die Peperoni vom Stielansatz befreien und die Kerne entfernen, in schmale Ringe schneiden

5 Alle Zutaten miteinander verrühren und mit Salz und Pfeffer würzen.

Pro Esslöffel: Energie 40 kcal · Fett 3 g · Kohlenhydrate 1 g · Eiweiß 2 g · Ballaststoffe 0 g

Herbst

SENFCREMESUPPE mit Kartoffelnockerln

HERZHAFTER GENUSS FÜR FEINSCHMECKER

FÜR DIE SUPPE

3	Zwiebeln
1	Möhre
100 g	Sellerie
1 Stange	Porree
1 EL	Rapsöl
20 g	Mehl
750 ml	Gemüsebrühe
2 TL	Kräutersenf
2 TL	Dijon-Senf
200 g	Schmand
100 g	Schinkenwürfel
	Kräuter (z. B. Dill)
	Salz, Zucker, Pfeffer

FÜR DIE KARTOFFEL-NOCKERLN

300 g	Kartoffeln
125 ml	Wasser
20 g	Butter oder Margarine
50 g	Mehl
1	Ei
	Salz

SUPPE

1 Die Zwiebeln schälen, eine davon fein würfeln, die beiden anderen beiseitestellen. Möhre, Sellerie und Porree waschen, putzen und in feine Würfel schneiden.

2 Öl in einem großen Topf zergehen lassen, das Gemüse und die fein gewürfelte Zwiebel darin andünsten. Das Mehl dazugeben und unterrühren. Mit der Gemüsebrühe ablöschen und 10 Minuten bei milder Hitze garen.

3 Die Suppe mit dem Pürierstab pürieren, mit Senf und Schmand, Kräutern, Salz, Pfeffer und Zucker abschmecken.

4 Die Schinkenwürfel anbraten. Die restlichen Zwiebeln in dünne Ringe schneiden, zu den Schinkenwürfeln geben und hellbraun braten.

KARTOFFEL-NOCKERLN

1 Kartoffeln waschen und in der Schale garen.

2 Das Wasser mit dem Salz und der Butter zum Kochen bringen. Das Mehl auf einmal hineinschütten. Rühren, bis sich die Masse als Kloß vom Topfboden löst. Anschließend das Ei darunterrühren.

3 Kartoffeln heiß pellen, durch die Kartoffelpresse drücken oder mit dem Stampfer quetschen. Mit dem Brandteig verrühren. Aus dem Teig mit zwei nassen Teelöffeln kleine Klößchen abstechen und in siedendem Salzwasser 3 Minuten garen. Die Klößchen in die Suppe geben. Schinkenwürfel-Zwiebel-Gemisch ebenfalls dazugeben. Die Suppe auf vorgewärmten Tellern servieren.

Energie 340 kcal · Fett 21 g · Kohlenhydrate 25 g · Eiweiß 13 g · Ballaststoffe 4 g

TIPP

Sie können noch 3 EL gehackte Kräuter (z. B. Petersilie) dazugeben. Das gibt der Suppe eine feine Note und sieht schön aus.

KÜRBISSUPPE

TUT GUT, SCHMECKT GUT

ZUTATEN

1 kg	Hokkaido-Kürbis
2	Schalotten oder Zwiebeln
3 EL	Rapsöl
2 TL	Zucker
1 EL	Akazienhonig
1 l	Gemüsebrühe
1 EL	Weißweinessig
1–2	säuerliche Äpfel Salz, Pfeffer

1 Kürbis waschen, vierteln, Kerne und Fäden entfernen, in Würfel schneiden.

2 Schalotten oder Zwiebeln schälen, fein würfeln.

3 Das Öl in einem Topf erhitzen und die Schalotten bzw. Zwiebeln darin glasig dünsten. Kürbis dazugeben und den Zucker darüberstreuen. Eine Minute leicht karamellisieren.

4 Honig, Gemüsebrühe und Essig dazugeben und 10 Minuten bei milder Hitze kochen lassen.

5 Die Äpfel waschen, schälen und vom Kerngehäuse befreien. Den Apfel grob raspeln, zur Suppe geben, weitere 10 Minuten kochen lassen.

6 Die Suppe fein pürieren, mit Salz und Pfeffer abschmecken.

Schmeckt gut mit einem herzhaften Landbrot.

Energie 230 kcal · Fett 10 g · Kohlenhydrate 28 g · Eiweiß 4 g · Ballaststoffe 7 g

TIPP Sie können auch andere Kürbissorten verwenden, die Sie dann aber schälen müssen.

WILDSUPPE

FEINE ALTERNATIVE ZU DEN ÜBLICHEN WILDGERICHTEN

ZUTATEN

600 g	Wildfleisch
30 g	Butterschmalz
1	Möhre
1 Stange	Porree
100 g	Sellerie
1	Zwiebel
10	Pfefferkörner
5	Pimentkörner
6	Wacholderbeeren
1 Zweig	Thymian
750 ml	Gemüsebrühe
125 ml	Rotwein
	Salz, Pfeffer

VARIATION

Wer möchte, kann die Suppe mit 100 g Schmand oder süßer Sahne verfeinern.

1 Das Fleisch in feine Würfel schneiden und in dem Butterschmalz portionsweise knusprig anbraten.

2 Das Gemüse waschen, putzen und ebenfalls in kleine Würfel schneiden. Ebenso die Zwiebel schälen und in feine Würfel schneiden. Zu dem Fleisch geben und mitbraten.

3 Die Gewürze in ein Tee-Ei oder ein Stoffsäckchen geben und zu dem Fleisch legen.

4 Mit der Gemüsebrühe und den Wein ablöschen und 60 Minuten garen.

5 Das Tee-Ei herausnehmen und die Suppe abschmecken.

Dazu schmeckt ein kräftiges Landbrot.

Energie 355 kcal · Fett 22 g · Kohlenhydrate 4 g · Eiweiß 31 g · Ballaststoffe 2 g

OFENKARTOFFELN

MEHR AUS EINEM KLASSIKER MACHEN – OHNE GROSSEN AUFWAND

ZUTATEN

700 g	kleine neue Kartoffeln
1 EL	Rapsöl
3 EL	frische gehackte Kräuter (z. B. Petersilie, Dill, Schnittlauch)
1 Bund	Frühlingszwiebeln Salz, Pfeffer, Paprikapulver

1 Kartoffeln waschen und gut trocknen, auf ein tiefes Backblech mit Backpapier legen und mit dem Rapsöl beträufeln.

2 Die Kräuter waschen, hacken und über die Kartoffeln streuen.

3 Frühlingszwiebeln waschen, in Ringe schneiden und nach 25 Minuten zu den Kartoffeln geben.

4 Das Blech in den Backofen auf die mittlere Schiene geben. Die Kartoffeln bei 190 °C 35 bis 45 Minuten goldgelb backen. Öfter wenden.

5 Nach Ende der Backzeit die Kartoffeln mit Salz, Pfeffer und Paprika würzen.

Dazu schmecken sehr gut Kräuterquark und ein frischer Salat.

Energie 145 kcal · Fett 3 g · Kohlenhydrate 25 g · Eiweiß 3 g · Ballaststoffe 3 g

TIPP Die Ofenkartoffeln eignen sich hervorragend für Partys, da Sie gleich ein ganzes Blech machen können.

SAUERKRAUTRAUTEN

GESUNDES KRAUT – RAFFINIERT ZUBEREITET

**ERGIBT
CA. 20 STÜCKE**

ZUTATEN

450 g	Mehl
225 g	Butter oder Margarine
1 ½ TL	Salz
6 EL	Wasser
1	Gemüsezwiebel
1 EL	Rapsöl
200 g	Schinkenwürfel
700 g	Sauerkraut
300 g	Schmand
4	Eier
	Salz, Pfeffer, Muskat

VARIATION

Ohne Schinkenwürfel sind
die Sauerkrautrauten auch ein
köstliches Partygericht für
Vegetarier. Nehmen Sie dann
mehr Sauerkraut oder eine
zusätzliche Zwiebel.

1 Das Mehl auf die Arbeitsfläche sieben, die Butter in kleinen Würfeln daraufsetzen. Wasser und Salz dazugeben und alles zu einem geschmeidigen Teig verkneten. Mit Frischhaltefolie luftdicht verpacken und über Nacht kühl stellen.

2 Den Teig herausholen. Die Zwiebel schälen und in feine Streifen schneiden. Das Öl in einen Topf geben, die Schinkenwürfel dazugeben und knusprig ausbraten. Die Zwiebel zufügen und auch anrösten. Sauerkraut dazugeben und weitere 5 bis 10 Minuten garen. Das Ganze erkalten lassen.

3 Ein Backblech fetten, den Mürbeteig durchkneten, halbieren und in der Größe eines Backblechs ausrollen. Die Sauerkrautmasse darauf verteilen.

4 Die Eier mit dem Schmand und Gewürzen verrühren, gleichmäßig über die Sauerkrautmasse verteilen. Die andere Hälfte des Mürbeteigs zu einem Viereck ausrollen und mit einem Rädle 1,5 cm breite Streifen ausrädeln, diese als Gitter auf die Sauerkrautmasse legen. Die Tarte im Backofen bei 180 °C 40 Minuten goldbraun backen.

5 Die Sauerkrauttarte in 8 x 8 cm große Rauten schneiden und servieren.

Pro Stück: Energie 235 kcal ·
Fett 15 g · Kohlenhydrate 18 g ·
Eiweiß 7 g · Ballaststoffe 1 g

TIPP Besonders schön sieht
es aus, wenn Sie die Rauten mit
etwas Feldsalat auf einem
Dessertteller anrichten.

GEMÜSEPASTETE

DIE FEINE ART, RESTE ZU VERWENDEN

ZUTATEN

2 kleine	Möhren
½ Stange	Porree
1	Gemüsezwiebel
150 g	Brokkoli
2 EL	Rapsöl
1 EL	Paniermehl
100 ml	Sahne
1 Bund	Petersilie und Schnittlauch
150 g	geriebener Käse (z. B. Gouda oder Emmentaler)
1 Rolle	Blätterteig
1	Ei
	Salz, Pfeffer, Paprikapulver

VARIATION

Anstelle von Blätterteig können Sie auch Filoteigblätter nehmen, die es in türkischen und arabischen Lebensmittelläden zu kaufen gibt.

1 Möhren waschen, schälen und in feine Würfel schneiden. Porree putzen und in feine Ringe schneiden. Gemüsezwiebel schälen und fein würfeln. Den Brokkoli putzen, waschen und in kleine Röschen teilen.

2 Das Öl in einer Pfanne erhitzen, das Gemüse darin schmoren, bis die Flüssigkeit verdunstet ist. Mit Salz, Pfeffer und Paprikapulver würzen.

3 Das Paniermehl und die Sahne dazugeben. Die Kräuter waschen und hacken, unter das Gemüse heben. Gemüsemischung erkalten lassen.

4 Den Backofen auf 180 °C vorheizen. Den geriebenen Käse und unter das erkaltete Gemüse geben.

5 Die Blätterteigrolle ausrollen, die kalte Gemüsemasse auf den Blätterteig geben und dabei an der linken und rechten Seite einen Rand von 2 cm frei lassen und fest aufrollen. Das Ei trennen. Die seitlichen Nahtstellen mit Eiweiß bestreichen und auf ein mit Backpapier ausgelegtes Blech legen. Die Pastete mit dem Eigelb bestreichen und 40 Minuten goldbraun backen.

6 Die Gemüsepastete in Scheiben schneiden und auf einem Dessertteller anrichten. Reichen Sie dazu einen Kräuterquark.

Energie 580 kcal · Fett 47 g · Kohlenhydrate 23 g · Eiweiß 17 g · Ballaststoffe 3 g

MANGOLD-BORRETSCH-TARTE

WÜRZIGER GENUSS NACH FRANZÖSISCHER ART

**ERGIBT
CA. 20 STÜCKE**

ZUTATEN

150 g	Mehl
3 EL	Rapsöl
150 ml	warmes Wasser
1 Stange	Porree
ca. 200 g	Borretsch (1 dicker Bund)
200 g	Mangold
2	Eier
½ TL	Majoran
100 g	alter Gouda, gerieben Salz, Pfeffer

VARIATION

Schmeckt sowohl warm als auch kalt. Wenn Sie es herzhaft mögen, können Sie auch noch 200 g geräucherten Lachs in Streifen geschnitten zu der Gemüsemasse geben.

1 Das Mehl auf die Arbeitsfläche sieben und in die Mitte eine Mulde drücken. 2 EL Öl, etwas Salz und 150 ml warmes Wasser hineingeben. Alle Zutaten vermischen, anschließend solange kneten, bis ein weicher elastischer Teig entstanden ist. Den Teig zu einer Kugel formen, mit Frischhaltefolie abdecken und in den Kühlschrank legen.

2 Für die Füllung den Porree putzen und in fingerdicke Scheiben schneiden, anschließend waschen.

3 Borretsch ordentlich waschen, klein schneiden. Den Strunk vom Mangold großzügig herausschneiden, die Stiele keilförmig aus den Blättern schneiden und in grobe Streifen schneiden. Borretsch und Mangold für 3 bis 4 Minuten in kochendem Salzwasser garen, anschließend mit kaltem Wasser abschrecken und gut abtropfen lassen.

4 1 EL Öl in einem Topf erhitzen, den Porree darin anschwitzen. Mit Salz und Pfeffer abschmecken.

5 In einer großen Schüssel Porree, Mangold, Borretsch, Eier, Majoran und den geriebenen Käse mischen, mit Salz und Pfeffer würzen.

6 Den Teig halbieren, eine Hälfte mit einem Nudelholz ausrollen und in einer mit Backpapier ausgelegten Springform (der Durchmesser sollte 26 cm sein) auslegen. Einen Rand von ca. 2 bis 3 cm daran setzen. Im Backofen bei 180 °C 10 Minuten vorbacken.

7 Die vorbereitete Füllung hineingeben. Die zweite Teighälfte ebenfalls ausrollen, über die Füllung legen und mit einer Gabel ein Lochmuster hineinstechen. Im vorgeheizten Backofen bei 180 °C ca. 30 bis 45 Minuten goldbraun backen.

Pro Stück: Energie 110 kcal · Fett 5 g · Kohlenhydrate 10 g · Eiweiß 5 g · Ballaststoffe 2 g

TIPP

Statt Borretsch können Sie auch ein anderes, kräftiges Kraut verwenden.

ROTKOHLSALAT

KNACKIGE KÖSTLICHKEIT FÜR VIELE GELEGENHEITEN

ZUTATEN

1	kleiner Rotkohl
1	Zwiebel
125 ml	Rotwein
4 EL	Rotweinessig oder Kräuteressig
1 EL	brauner Zucker
1	Lorbeerblatt
2	Nelken
2 EL	Apfel-Griebenschmalz
100 g	Schinkenwürfel
1 EL	Butter
1	dicker Apfel
	Salz, Pfeffer

VARIATION

Den Rotwein können Sie durch Apfelsaft ersetzen.

1 Den Rotkohl putzen, vierteln, den Strunk entfernen, Rest in feine Streifen schneiden.

2 Die Zwiebel schälen und mit dem Lorbeerblatt und den Nelken spicken.

3 Den Rotwein mit Essig, Zucker, Apfel-Griebenschmalz und den Gewürzen aufkochen lassen. Die gespickte Zwiebel und den fein geschnittenen Rotkohl dazu geben und 10 bis 15 Minuten köcheln lassen.

4 Die Schinkenwürfel in 1 EL Butter knusprig ausbraten. Den Apfel waschen, vierteln, entkernen und in Stücke schneiden, zu den Schinkenwürfeln geben und kurz mitbraten. Alles über den Salat geben.

Energie 200 kcal · Fett 9 g · Kohlenhydrate 16 g · Eiweiß 8 g · Ballaststoffe 5 g

TIPP
Schmeckt auch lauwarm sehr gut.

FELDSALAT mit Feigen und Nusskugeln

AUSGEFALLENE KREATION – SCHNELL ZUBEREITET

ZUTATEN

200 g	Feldsalat
2	reife Feigen
50 g	Walnusskerne
200 g	Frischkäse
2 EL	Kräuteressig
2 EL	Walnussöl
2 EL	Preiselbeeren
	Salz, Pfeffer, Zucker

1 Salat putzen, waschen und trocken schleudern. Feigen waschen, die Haut abziehen und in Spalten schneiden.

2 Walnüsse fein hacken. Aus dem Frischkäse mit angefeuchteten Händen kleine Kugeln formen und in den Walnüssen wälzen.

3 Essig und Salz, Pfeffer, Zucker und Öl kräftig verschlagen. Die Preiselbeeren dazugeben und abschmecken.

4 Feldsalat, Feigen und Nusskugeln auf einem Dessertteller anrichten und kurz vor dem Servieren mit der Marinade beträufeln.

Dazu passen gut Ofenkartoffeln (s. S. 107) oder ein herzhaftes Vollkornbrötchen.

Energie 275 kcal · Fett 23 g · Kohlenhydrate 8 g · Eiweiß 8 g · Ballaststoffe 2 g

ROSENKOHLSALAT mit Äpfeln

FRISCHE ALTERNATIVE ZUM KLASSISCHEN GEMÜSEREZEPT

ZUTATEN

600 g	Rosenkohl, möglichst kleine Röschen
500 ml	Gemüsebrühe
1	großer säuerlicher Apfel (z. B. Boskop oder Elstar)
2 TL	Zitronensaft
200 g	Schmand
2 EL	frische Kräuter
1 EL	Milch (3,5 %)
	Salz, Pfeffer, Zucker

1 Rosenkohl putzen, waschen und die Strünke kürzen. Wenn nötig, kleine Blättchen entfernen.

2 Einen Topf mit Gemüsebrühe und Pfeffer zum Kochen bringen. Den Rosenkohl in das kochende Wasser geben und 8 bis 10 Minuten bissfest garen. Auf einem Sieb abtropfen und erkalten lassen.

3 Den Apfel waschen, vom Kerngehäuse befreien und in kleine Würfel schneiden. Mit Zitronensaft beträufeln.

4 Den Schmand mit den Kräutern mischen und mit der Milch glatt rühren. Mit Salz, Pfeffer und einer Prise Zucker abschmecken. Die Rosenkohlröschen (gegebenenfalls halbiert) mit den Apfelwürfeln mischen und in die Salatsoße geben, alles miteinander vermischen, gut durchziehen lassen.

Der Rosenkohlsalat passt gut zu Rinderfilet aus dem Ofen (s. S. 87).

Energie 205 kcal · Fett 13 g · Kohlenhydrate 13 g · Eiweiß 9 g · Ballaststoffe 8 g

Gefüllte GEMÜSEKARTOFFELN

HERZHAFTER BEILAGEN-MIX

ZUTATEN

2	große Kartoffeln
1 Stange	Porree
1	Möhre
100 g	Champignons
1 EL	Rapsöl
200 g	Camembert
	Salz, Pfeffer, Muskat
	Kräuter (z. B. Rosmarin, Petersilie, Schnittlauch)

VARIATION

Anstelle von Camembert können Sie auch einen kräftigeren Käse nehmen, z. B. Berg- oder einen Blauschimmelkäse. Statt Porree können Sie eine Mischung verschiedener Gemüse verwenden, z. B. Paprikaschoten, Tomaten, Zucchini. Oder Sie nehmen die Gemüsereste aus Ihrem Kühlschrank.

1 Kartoffeln waschen und mit der Schale in Salzwasser ca. 30 Minuten garen.

2 Porree, Möhre und Champignons putzen, waschen und in feine Scheiben schneiden. In 1 EL Öl anbraten, kräftig würzen.

3 Kartoffel längs halbieren, etwas aushöhlen. Die ausgehöhlte Masse unter die Gemüsemischung heben.

4 Camembert würfeln und mit den Kräutern zu der Kartoffel-Gemüsemischung geben. Kartoffeln damit füllen.

5 Die Kartoffeln auf einem mit Backpapier belegten Blech im vorgeheizten Backofen bei 180 °C ca. 10 Minuten backen.

Die gefüllten Gemüsekartoffeln passen gut zu Kurzgebratenem (Steak), Frikadellen oder zu dem geschmorten Weißkohl mit Hackbällchen (s. S. 123).

Energie 220 kcal · Fett 14 g · Kohlenhydrate 10 g · Eiweiß 13 g · Ballaststoffe 2 g

Gefüllte CHAMPIGNONS

ERFREUT AUGE UND GAUMEN

ZUTATEN

12	gleich große Champignons
3 EL	frische Kräuter (z. B. Dill, Petersilie)
1	Zwiebel
1 EL	Rapsöl
100 g	Schmand
100 g	geriebener Käse (z. B. Edamer)
	Butter
	Salz, Pfeffer

VARIATION

Wenn Sie es herzhafter mögen, braten Sie 50 g Schinkenwürfel mit den Zwiebeln aus.

1 Die Champignons putzen und waschen. Die Stiele abknicken und fein hacken.

2 Kräuter waschen, trocken schleudern und hacken.

3 Zwiebel schälen, in feine Würfel schneiden.

4 Rapsöl in einer Pfanne erhitzen, Zwiebel und Champignonstiele andünsten und Kräuter zugeben. Den Schmand untermischen und mit Salz und Pfeffer abschmecken.

5 Den Käse unter die Masse heben. Eine feuerfeste Form mit Butter auspinseln. Die Masse mit einem Teelöffel in die Champignonköpfe füllen und bei 200 °C 10 Minuten überbacken.

Die gefüllten Champignons passen gut zum Wildschweinbraten (s. S. 133) oder auch zu Kurzgebratenem.

Energie 180 kcal · Fett 16 g · Kohlenhydrate 2 g · Eiweiß 9 g · Ballaststoffe 1 g

TIPP Champignons sollten nicht im stehenden Wasser gereinigt werden, weil sie dadurch an Aroma verlieren.

KARTOFFELFLADEN mit Walnuss-Thymiankruste

SO MACHT MAN MEHR AUS EINEM KLASSIKER

ZUTATEN

800 g	mehlig kochende Kartoffeln
150 g	Dinkelmehl
1	Ei
2 EL	frische Thymianblättchen
60 g	Walnusskerne
2 EL	Butter oder Margarine
	Salz, Pfeffer, Muskat

1 Kartoffeln waschen, schälen, in grobe Würfel schneiden und in Salzwasser gar kochen. Durch eine Kartoffelpresse drücken oder stampfen.

2 Mehl, Ei und die Gewürze unter die Kartoffelmasse rühren, abschmecken. Wenn der Teig zu fest ist: einen Schuss Milch dazugeben, sodass er geschmeidiger wird.

3 Aus dem Teig Kugeln formen, auf ein mit Backpapier ausgelegtes Blech legen und flachdrücken.

4 Die Walnusskerne grob hacken.

5 Die Kartoffelfladen mit dem Thymian und den Walnusskernen bestreuen.

6 Die Butter schmelzen und auf die Fladen verteilen.

7 Bei 200 °C ca. 30 bis 40 Minuten goldgelb backen.

Die Kartoffelfladen passen gut zu Putengeschnetzeltem in Senfrahm (s. S. 88).

Energie 410 kcal · Fett 17 g · Kohlenhydrate 52 g · Eiweiß 12 g · Ballaststoffe 4 g

Rheinischer RAHM-GRÜNKOHL

DEFTIGES FÜR KÄLTERE TAGE

ZUTATEN

500 g	Kartoffeln
1 kg	Grünkohl (küchenfertig)
250 ml	Gemüsebrühe
1 EL	Rapsöl
100 g	geräucherter Speck oder Schinkenwürfel
1	Zwiebel
20 g	Mehl
125 ml	Sahne
1 TL	Senf
4	Mettwürstchen
	Salz, Pfeffer, Muskat

VARIATION

Wenn Sie mögen, können Sie den Grünkohl auch mit einem Schuss Kräuteressig abschmecken.

1 Kartoffeln waschen, schälen und würfeln.

2 Die Gemüsebrühe zum Kochen bringen, die Kartoffeln und den Grünkohl dazugeben, 30 Minuten garen lassen.

3 Öl in eine Pfanne geben und den Speck darin knusprig ausbraten. Die Zwiebel schälen und fein würfeln und zum Speck geben.

4 Das Mehl mit der Sahne glatt rühren, zum Gemüse geben, aufkochen lassen. Mit Salz, Pfeffer, geriebener Muskatnuss und dem Senf kräftig abschmecken.

5 Mettwürstchen zum Gemüse geben und ca. 10 Minuten erhitzen.

6 Zum Schluss die Zwiebel-Speckmasse unter das Gemüse heben.

Energie 660 kcal · Fett 46 g · Kohlenhydrate 28 g · Eiweiß 34 g · Ballaststoffe 12 g

TIPP

Wer Kalorien sparen möchte, lässt die Mettwürstchen einfach weg.

KÜRBIS-KARTOFFEL-AUFLAUF

KRÄFTIG UND FEIN ZUGLEICH

ZUTATEN

750 g	Hokkaido-Kürbis
500 g	festkochende Kartoffeln
400 g	Schafskäse
2	Zwiebeln
4 EL	Rapsöl
1	Knoblauchzehe
50 g	Mehl
2	Eier
125 ml	Sahne
	Salz, Pfeffer

VARIATION

Anstelle von Schafskäse können Sie auch jeden anderen Käse nehmen oder ganz auf Käse verzichten.

1 Den Kürbis waschen, vierteln, die Kerne herauskratzen, in Scheiben schneiden.

2 Die Kartoffeln waschen, schälen, ebenfalls in Scheiben schneiden. Salzen und pfeffern.

3 Schafskäse in feine Würfel schneiden.

4 Zwiebeln schälen, würfeln und in 1 EL Öl andünsten. Knoblauch schälen, durch die Knoblauchpresse drücken und zu den Zwiebeln geben.

5 Kürbis und Kartoffeln in Mehl wenden und schnell von beiden Seiten im restlichen Öl knusprig anbraten. Kartoffeln und Kürbis dachziegelförmig in eine gebutterte Auflaufform schichten, die Hälfte des Käses darüber verteilen. Die Zwiebel-Knoblauchmasse daraufgeben und die restlichen Kürbis- und Kartoffelscheiben darauflegen. Die andere Hälfte des Käses darüber verteilen.

6 Die Eier mit der Sahne verschlagen, über den Auflauf gießen und das Ganze im Backofen bei 180 °C 30 bis 40 Minuten goldgelb backen.

Energie 690 kcal · Fett 49 g · Kohlenhydrate 37 g · Eiweiß 25 g · Ballaststoffe 6 g

TIPP Wenn Sie nur einen halben Hokkaido-Kürbis verbrauchen, können Sie den Rest – mit Frischhaltefolie bedeckt – bis zu 4 Tage im Kühlschrank aufbewahren.

Geschmorter WEISSKOHL mit Hackbällchen

GENUSS FÜR JEDE GELEGENHEIT

ZUTATEN

1	mittelgroßer Weißkohl
3 EL	Rapsöl
250 ml	Gemüsebrühe
1	Knoblauchzehe
1	Zwiebel
400 g	Rindergehacktes
2 EL	Speisequark (20 %)
1 TL	körniger Senf
1	Ei
10 g	Mehl
100 g	Schmand
2 EL	frische Kräuter (z. B. Dill)
	Salz, Pfeffer, Paprikapulver

1 Den Weißkohl putzen, waschen und in mundgerechte Stücke schneiden. 2 EL des Öls in einem Topf erhitzen, den Weißkohl darin unter ständigem Rühren anbraten. Den Weißkohl würzen und 125 ml Gemüsebrühe dazugeben. Zugedeckt bei niedriger Temperatur rund 15 Minuten schmoren lassen.

2 Den Knoblauch und die Zwiebel schälen, fein würfeln und zum Hackfleisch geben. Das Ei, den Senf, den Quark und die Gewürze zugeben. Alles miteinander vermischen. Kleine Bällchen daraus formen, diese in 1 EL Öl in einer Pfanne braten und samt Fett zum Kohl geben.

3 Mehl mit kaltem Wasser anrühren.

4 Den Kohl mit der restlichen Brühe auffüllen, aufkochen und mit dem angerührten Mehl binden. Den Schmand mit den Kräutern mischen und dazugeben. Alles noch mal kräftig abschmecken.

Das Gericht eignet sich sehr gut für Partys.

Energie 430 kcal · Fett 30 g · Kohlenhydrate 12 g · Eiweiß 27 g · Ballaststoffe 6 g

RINDERROULADE mit Gemüse gefüllt

KLEINER AUFWAND, DER SICH LOHNT

ZUTATEN

4	Rinderrouladen
2 EL	Senf
4	Wirsingblätter
6	Schinkenscheiben (roh)
2	Möhren
1 Stange	Porree
1 ½ EL	grüne Pfefferkörner
250 ml	Gemüsebrühe
2 EL	Rapsöl
	Salz, Pfeffer

1 Aus den 4 Rouladen wird eine große: Die Rouladen so zusammenlegen, dass die Ränder jeweils 2 cm überlappen, die Ränder mit dem Fleischklopfer zusammenklopfen. Die Rouladenplatte salzen, pfeffern und mit Senf bestreichen.

2 Die rohen Wirsingblätter waschen und die Rippen herausschneiden. Die Wirsingblätter auf die Roulade legen, den Schinken daraufgeben.

3 Die Möhren putzen, waschen und längs vierteln, auf dem Schinken verteilen. Wenn die Möhren zu dick sind, einmal der Länge nach durchschneiden.

4 Den Porree putzen, der Länge nach vierteln und waschen, auf die Möhren legen.

5 Die Pfefferkörner zerdrücken, auf der Füllung verteilen.

6 Die Rouladenplatte aufrollen und mit Küchengarn zusammenbinden. Im Öl rundherum anbraten. Die Brühe dazugießen, das Fleisch im Backofen bei 180 °C 70 Minuten zugedeckt garen.

Schmeckt warm mit Kartoffelfladen (s. S. 119) und eignet sich kalt in Scheiben geschnitten für Büffets.

Energie 450 kcal · Fett 20 g · Kohlenhydrate 7 g · Eiweiß 61 g · Ballaststoffe 5 g

TIPP

Den restlichen Wirsing können Sie einfrieren. Vorher blanchieren, das heißt 2 bis 4 Minuten in kochendem Wasser garen, herausnehmen, in kaltem Wasser abschrecken und abtropfen lassen.

BROMBEER-HOLUNDERKONFITÜRE

SPEZIALITÄT, MIT DER MAN EINDRUCK MACHT

ZUTATEN

750 g   Brombeeren
250 g   Holunderbeeren
1 kg   Gelierzucker 1:1
        Saft einer Zitrone

VARIATION

Wenn keine Holunderbeeren
zu bekommen sind, können Sie
auch 1 kg Brombeeren nehmen.

1 Die Brombeeren und die Holunderbeeren von den Stängeln pflücken, vorsichtig waschen. Gut abtropfen lassen.

2 Die Früchte mit dem Gelierzucker mischen und 24 Stunden ziehen lassen. Mit dem Zitronensaft zum Kochen bringen und 4 Minuten sprudelnd kochen lassen. Schnell in Gläser füllen und verschließen.

Menge/100g:
Energie 225 kcal · Fett 1 g ·
Kohlenhydrate 53 g · Eiweiß 1 g ·
Ballaststoffe 2 g

1 EL = 10 g:
Energie 23 kcal · Fett 0 g ·
Kohlenhydrate 5 g · Eiweiß 0 g ·
Ballaststoffe 1 g

TIPP
In einem dekorativen
Glas ist die Konfitüre
ein schönes
Mitbringsel.

VANILLEÄPFEL

SCHMECKT AUCH OHNE WEIHNACHTSMARKT

FÜR 8 PERSONEN

ZUTATEN

4	mittelgroße Äpfel
375 ml	Apfelsaft
1	Zimtstange
1	Vanillestange
1	Sternanis
50 g	brauner Zucker
	Saft von einer Zitrone
150 g	Marzipan
50 g	Mandelblättchen
750 ml	Milch (3,5 %)
100 g	Zucker
1 Pk.	Puddingpulver (Vanille) zum Kochen

1 Äpfel waschen, halbieren und das Kerngehäuse herausnehmen.

2 Den Apfelsaft mit Zimt- und Vanillestange, Sternanis, Zucker und dem Zitronensaft zum Kochen bringen. Die Äpfel in den kochenden Apfelsaft geben und 5 Minuten garen. Äpfel aus dem Sud nehmen und in eine Auflaufform setzen.

3 Marzipan in 8 gleiche Teile teilen, zu kleinen Kugeln formen, in die ausgehöhlten Äpfel drücken.

4 Die Mandelblättchen ohne Fett in einer Pfanne zart anrösten.

5 Aus der Milch, dem Zucker und dem Vanillepuddingpulver eine Creme kochen. Die Äpfel mit der Vanillecreme übergießen und mit den Mandelblättchen bestreuen.

Energie 330 kcal · Fett 11 g · Kohlenhydrate 49 g · Eiweiß 8 g · Ballaststoffe 4 g

TIPP
Der Apfelsud ist ein leckeres Getränk.

BISKUITROULADE mit Himbeer-Quarkfüllung

HIMMLISCHE SÜSSE MIT FRUCHT

ERGIBT
CA. 10 SCHEIBEN

FÜR DEN BISKUIT-TEIG

3	Eier
4 EL	heißes Wasser
60 g	feiner Zucker
1 TL	Zitronensaft
120 g	Mehl
½ TL	Backpulver

FÜR DIE FÜLLUNG

350 g	Himbeeren
250 g	Speisequark (20 %)
200 ml	Sahne
2–3 EL	Zucker

VARIATION
Schmeckt im Frühjahr auch mit Erdbeeren lecker.

BISKUITTEIG

1 Backofen auf 170 °C vorheizen. Ein Backblech mit Backpapier auslegen. Eier trennen, das Eigelb mit dem Wasser und 30 g Zucker zu einer cremigen Masse schlagen.

2 Eiweiß mit dem Zitronensaft zu Schnee schlagen, nach und nach den restlichen Zucker unterrühren und so lange weiter schlagen, bis sich eine schnittfeste Masse ergibt.

3 Mehl und Backpulver auf das Eigelb-Gemisch sieben, das Eiweiß daraufgeben und mit einem Spatel unterheben.

4 Den Teig auf das Backblech streichen und bei 170 °C 30 Minuten goldgelb backen.

5 Nach dem Backen auf ein feuchtes Küchentuch stürzen, mit dem Tuch aufrollen und erkalten lassen.

FÜLLUNG

1 Himbeeren vorsichtig waschen, trocken tupfen. Einige für die Verzierung zur Seite legen.

2 Den Quark mit dem Zucker verrühren, die Himbeeren darunterziehen. Die Sahne fest schlagen und unter den Quark ziehen.

3 Die Biskuitroulade auf dem Küchentuch ausrollen, zwei Drittel der Himbeerquarkmasse daraufstreichen und die Roulade wieder aufrollen. Mit der restlichen Quarkmasse von außen bestreichen, mit den übrigen Himbeeren verzieren. Bis zum Essen im Kühlschrank aufbewahren.

Pro Scheibe: Energie 205 kcal · Fett 9 g · Kohlenhydrate 22 g · Eiweiß 7 g · Ballaststoffe 2 g

TIPP
Die späte Herbsthimbeere wird bis in den November geerntet. Wenn Sie keine frischen Himbeeren bekommen, können Sie auch Tiefkühlware nehmen.

Herbstmenü

Suppe
CHAMPIGNON-SHERRY-BRÜHE

Vorspeise
ZIEGENKÄSE-TARTELETTES

Hauptgericht
WILDSCHWEINBRATEN
MIT KARTOFFELRÖSTI UND ROSENKOHL

Dessert
PALATSCHINKEN
MIT NUSSFÜLLUNG

SUPPE
Champignon-Sherry-Brühe

ZUTATEN

2	Zwiebeln
1	Knoblauchzehe
150 g	Staudensellerie
400 g	braune Champignons
2 EL	Butter oder Margarine
750 ml	Gemüsebrühe
2–3 EL	Sherry
1 EL	frische Kräuter (z. B. Majoran)
	Salz, Pfeffer

VARIATION

Den Sherry können Sie auch durch Apfelsaft ersetzen.

1 Zwiebeln und Knoblauch schälen, fein würfeln. Staudensellerie putzen, waschen und in feine Scheiben schneiden. Champignons putzen und blätterig schneiden.

2 Butter in einem Topf erhitzen, Kräuter, Zwiebeln und Knoblauch darin anbraten. Staudensellerie und Champignons dazugeben und mitbraten.

3 Die Gemüsebrühe dazugeben, bei schwacher Hitze 10 Minuten ziehen lassen.

4 Sherry zugießen, mit Salz und Pfeffer gut abschmecken.

Energie 75 kcal · Fett 5 g · Kohlenhydrate 3 g · Eiweiß 5 g · Ballaststoffe 2 g

VORSPEISE
Ziegenkäse-Tartelettes

ERGIBT 8 STÜCKE

ZUTATEN

8	quadratische Scheiben Blätterteig (tiefgefroren)
2 Stangen	Porree
1	Ei
200 g	Schmand
2 EL	frische Kräuter (z. B. Petersilie)
2 EL	Thymianblättchen
200 g	Ziegenkäse
8 TL	Preiselbeeren
	Salz, Pfeffer

1 Teigplatten auf die Arbeitsfläche legen und auftauen lassen.

2 Den Porree putzen, in fingerdicke Scheiben schneiden, waschen.

3 Von den Teigquadraten an jeder Seite einen ½ cm breiten Streifen abschneiden. Die Quadrate auf ein mit Backpapier ausgelegtes Backblech legen. Die Ränder mit etwas Wasser bestreichen, die Streifen darauflegen, dabei die Enden übereinander legen und andrücken.

4 Das Eigelb mit ein wenig Salz verquirlen und die Randstreifen damit dünn bestreichen. Im vorgeheizten Backofen bei 180 °C 5 bis 8 Minuten vorbacken.

5 Schmand, Kräuter und Porree mischen, mit Salz und Pfeffer abschmecken. Eiweiß und Thymian darunterheben. Die Masse auf die Tartelettes füllen.

6 Den Ziegenkäse in 8 gleiche Teile schneiden, auf die Schmandmasse legen. Bei gleicher Temperatur 15 bis 20 Minuten backen. Mit den Preiselbeeren anrichten.

Pro Stück: Energie 365 kcal · Fett 27 g · Kohlenhydrate 24 g · Eiweiß 8 g · Ballaststoffe 1 g

Wildschwein-braten

ZUTATEN

1 kg	Wildschweinbraten
2 EL	Rapsöl
1	Zwiebel
1 Stange	Porree
250 ml	Gemüsebrühe
250 g	Johannisbeeren (tiefgefroren)
50 g	Zucker
20 g	Mehl
50 ml	Sahne
	Salz, Pfeffer, Wildgewürz (z. B. Wacholderbeeren, Lorbeerblatt, Zimtstange, Senfkörner)

1 Den Braten waschen und trocknen. Das Öl in einem Bräter erhitzen und den Braten von allen Seiten darin knusprig anbraten. Salz, Pfeffer und das Wildgewürz dazugeben.

2 Die Zwiebel schälen und fein würfeln, den Porree putzen, waschen und in dünne Scheiben schneiden.

3 Zwiebel und Porree zum Fleisch geben und mit anbraten. Mit der Hälfte der Gemüsebrühe aufgießen und zwei Drittel der Johannisbeeren dazugeben.

Den Braten ca. 1,5 Stunden schmoren lassen. Dann aus dem Topf nehmen und warm stellen.

4 Die restliche Gemüsebrühe und den Zucker in den entstandenen Sud rühren. Mit dem Pürierstab pürieren. Mehl mit etwas Wasser glatt rühren und die Soße damit binden. Die restlichen Johannisbeeren in die Soße geben, einmal aufkochen, Sahne dazugeben, mit Salz und Pfeffer abschmecken.

5 Den Braten in dünne Scheiben aufschneiden, auf einer vorgewärmten Fleischplatte anrichten, mit ein wenig Soße übergießen. Die restliche Soße separat dazu reichen.

Energie 590 kcal · Fett 34 g · Kohlenhydrate 21 g · Eiweiß 51 g · Ballaststoffe 3 g

TIPP

Dazu passt gut ein Rotwein, zum Beispiel ein Lemberger oder Trollinger. Sehr lecker zum Wildschweinbraten schmecken auch Birnen, gefüllt mit Johannisbeergelee.

Kartoffelrösti

ZUTATEN

750 g	mehlig kochende Kartoffeln
1	Zwiebel
10 g	Mehl
1	Ei
2 EL	Rapsöl
	Salz, Peffer

VARIATION

Wenn Sie es herzhaft mögen und die Rösti einmal als Hauptmahlzeit verwenden wollen, können Sie auch geräucherten und gewürfelten Speck oder Schinkenwürfel in die Kartoffelmasse geben.

1 Kartoffeln waschen, in einem Topf mit Wasser zum Kochen bringen, ca. 30 Minuten garen. Kartoffeln abgießen, abschrecken und pellen. Bis zum nächsten Tag stehen lassen. Grob raspeln.

2 Die Zwiebel schälen und fein würfeln, unter die Kartoffelmasse heben. Das Ei und das Mehl ebenfalls unter die Kartoffelmasse rühren. Mit Salz und Pfeffer abschmecken.

3 Portionsweise Öl in die Pfanne geben. Kartoffelmasse zu flachen Plätzchen formen und bei mittlerer Hitze goldgelb braten.

Energie 195 kcal · Fett 7 g · Kohlenhydrate 26 g · Eiweiß 5 g · Ballaststoffe 2 g

Rosenkohl

ZUTATEN

600 g	Rosenkohl
1	Zwiebel
20–30 g	Butter oder Margarine
50 g	Paniermehl
	Semmelbrösel
	Salz, Pfeffer, Muskat

1 Rosenkohl putzen, waschen und den Stielansatz kreuzweise einschneiden. In Salzwasser in etwa 15 Minuten gar kochen. Auf ein Sieb gießen und gut abtropfen lassen.

2 Die Zwiebel schälen, fein würfeln und in der Butter anrösten. Das Paniermehl dazugeben und bei milder Hitze unter ständigem Rühren weiter rösten. Salz, Pfeffer und Muskatnuss dazugeben.

3 Den Rosenkohl in eine vorgewärmte Schüssel geben. Die Semmelbrösel darüber verteilen.

Energie 150 kcal · Fett 6 g · Kohlenhydrate 15 g · Eiweiß 8 g · Ballaststoffe 7 g

Palatschinken mit Nussfüllung

FÜR DIE PALATSCHINKEN

75 g	Mehl
2	Eier
125 ml	Milch (3,5 %)
1 TL	Zucker
2 EL	Rapsöl

FÜR DIE NUSSFÜLLUNG

100 g	gemahlene Haselnusskerne
1 EL	Akazienhonig
1 EL	brauner Zucker
2 EL	Sahne
1 EL	Amarettolikör
4 Kugeln	Vanilleeis

VARIATION

Anstelle des Vanilleeises können Sie auch eine Schokoladensoße dazu reichen. Wenn Kinder mitessen, den Amarettolikör weglassen.

PALATSCHINKEN

1 Mehl in eine Schüssel geben, Eier, Milch und Zucker dazugeben. Mit dem Handrührgerät einen glatten Teig rühren, sodass keine Klümpchen entstehen.

2 Bei mittlerer Hitze das Öl in einer Pfanne erwärmen, mit einer kleinen Schöpfkelle Teig in die schräg gehaltene Pfanne laufen lassen. Mit einem Pfannenwender den Teig so verteilen, dass der Pfannenboden mit einer dünnen Teigschicht überzogen ist. Nicht zu dunkel ausbacken und vorsichtig wenden. Den übrigen Eierkuchenteig auf die gleiche Weise zubereiten.

NUSSFÜLLUNG

1 Die gemahlenen Haselnusskerne mit Akazienhonig, Zucker, Sahne und Amarettolikör zu einer streichfähigen Masse verrühren.

2 Die Masse auf die Eierkuchen streichen und fest aufrollen. In 3 bis 5 cm breite Scheiben schneiden. Auf Desserttellern anrichten, eine Kugel Vanilleeis dazu reichen.

Energie 405 kcal · Fett 26 g · Kohlenhydrate 29 g · Eiweiß 11 g · Ballaststoffe 2 g

TIPP

Wer den Buttergeschmack schätzt, kann die Palatschinken statt in Rapsöl in Butter backen.

Winter

LINSENEINTOPF

GIBT ENERGIE – UND SCHMECKT

ZUTATEN

2 l	Wasser
1 Stange	Porree
¼	Sellerie
2	Möhren
500 g	Kartoffeln
1	kleine Zwiebel
350 g	Linsen (z. B. schwarze oder Berglinsen)
2	Mettenden
	Salz, Pfeffer, Zucker
	Essig

VARIATION

Statt Mettenden können Sie auch Kassler oder gepökeltes Eisbein für den Eintopf verwenden.

1 Den Porree waschen und in Ringe schneiden.

2 Sellerie, Möhren und Kartoffeln waschen, schälen und in kleine Würfel schneiden.

3 Die Zwiebel schälen und in kleine Würfel schneiden. Linsen zum Kochen bringen, das Gemüse zur Suppe geben, würzen und 30 bis 40 Minuten kochen lassen. Gelegentlich umrühren.

4 Mit Essig und einer Prise Zucker abschmecken. Die Mettenden klein schneiden und ca. 10 Minuten vor Ende der Garzeit in die Suppe geben.

Energie 525 kcal · Fett 19 g · Kohlenhydrate 56 g · Eiweiß 31 g · Ballaststoffe 19 g

TIPP

Probieren Sie verschiedene Linsen aus (jeweils auf die Garzeit achten). Das früher übliche lange Einweichen ist bei den kleinen schwarzen, grünen oder Berglinsen nicht mehr nötig.

SAUERKRAUTSUPPE

VITAMINSPENDER FÜR KALTE TAGE

ZUTATEN

1	kleine Zwiebel
1	Knoblauchzehe
1 EL	Rapsöl
700 ml	Gemüsebrühe
125 g	Kassler
250 g	Sauerkraut
½	grüne Paprika
50 g	Schinkenwürfel
½ TL	Paprikapulver
150 g	Schmand
	Tabasco, Salz

VARIATION

Statt Kassler können Sie auch Hackfleischbällchen oder Mettwürstchen nehmen.

1 Die Zwiebel und den Knoblauch schälen und in feine Würfel schneiden.

2 Beides in heißem Öl glasig dünsten, mit Gemüsebrühe auffüllen und das Ganze zum Kochen bringen.

3 Das Kassler in kleine Würfel schneiden und mit dem Sauerkraut zufügen. Die Suppe zugedeckt 30 Minuten köcheln lassen.

4 Die Paprika in feine Streifen schneiden und zur Suppe geben.

5 Die Suppe würzen und abschmecken, Schinkenwürfel zugeben und bei schwacher Hitze weitere 15 Minuten garen lassen.

6 Zum Schluss den Schmand unterziehen.

Energie 180 kcal · Fett 13 g · Kohlenhydrate 3 g · Eiweiß 13 g · Ballaststoffe 2 g

TIPP Diese Suppe eignet sich sehr gut als Partysuppe, passen Sie dann die Mengen entsprechend an.

SELLERIECREMESUPPE

FEINE VERWANDLUNG FÜR EIN UNTERSCHÄTZTES GEMÜSE

ZUTATEN

1	Zwiebel
300 g	Sellerie
1	kleine Kartoffel
2 EL	Rapsöl
750 ml	Gemüsebrühe
100 ml	Sahne
3	Scheiben Toastbrot
30 g	Butter oder Margarine
1	Kressekästchen
	Salz, Pfeffer

VARIATION

Sie können die Suppe auch mit gehackten Walnüssen garnieren.

1 Die Zwiebel schälen und in feine Würfel schneiden.

2 Den Sellerie und die Kartoffel waschen, schälen und grob raspeln.

3 Das Gemüse in heißem Öl anbraten und mit der Brühe ablöschen. Aufkochen lassen und weitere 20 Minuten köcheln lassen.

4 Die Suppe würzen, pürieren und mit der Sahne verfeinern.

5 Das Toastbrot in kleine Würfel schneiden und in der heißen Butter rösten.

6 Die Suppe mit den Croûtons und der abgeschnittenen Kresse verzieren.

Energie 260 kcal · Fett 21 g · Kohlenhydrate 13 g · Eiweiß 4 g · Ballaststoffe 3 g

TIPP
Für die Croûtons eignet sich hervorragend altes Brot.

141

ENTENBRUST-FRUCHT-SPIESSE

AUSGEFALLENE KREATION – GANZ EINFACH GEMACHT

ERGIBT 16 SPIESSE

ZUTATEN

1	Entenbrust
1 EL	Feigensenf
1 EL	Rapsöl
4	Ananasscheiben
16	Trauben
16	kleine Mozzarella-kugeln
	Salz, Pfeffer, Curry

VARIATION

Die Ananas können Sie auch durch Kiwis ersetzen. Anstelle von Mozzarellakugeln eignen sich ebenso fertige Frischkäse-kugeln. Oder Sie formen sie aus 200 g Frischkäse selbst.

1 Die Entenbrust längs in Streifen schneiden, würzen und mit dem Feigensenf bestreichen.

2 In heißem Öl anbraten und 5 bis 10 Minuten garen. In mundgerechte Stücke schneiden und auskühlen lassen.

3 Trauben waschen und trocknen. Ananas in mundgerechte Stücke schneiden.

4 Die Mozzarellakugeln abwechselnd mit dem Fleisch und dem Obst auf lange Zahnstocher spießen.

Pro Spieß: Energie 65 kcal · Fett 3 g · Kohlenhydrate 2 g · Eiweiß 6 g · Ballaststoffe 1 g

WEISSKOHL-ANANAS-SALAT

DEUTSCHER GEMÜSEKLASSIKER MIT EXOTISCHEM AKZENT

ZUTATEN

350 g	Weißkohl
4	Ananasscheiben
1 Stange	Porree
2 EL	Essig
2 EL	Rapsöl
	Salz, Pfeffer, Zucker

1 Den Weißkohl putzen, waschen, sehr fein hobeln und in eine Glasschüssel geben.

2 Ananas in kleine Streifen schneiden und zum Weißkohl geben.

3 Den Porree putzen, waschen, in feine Ringe schneiden und auch dazugeben.

4 Aus den restlichen Zutaten ein Dressing zubereiten und darübergeben. Den Salat mindestens 2 Stunden durchziehen lassen.

Der Salat passt gut zu den kernigen Frikadellen (s. S. 56).

Energie 75 kcal · Fett 3 g · Kohlenhydrate 10 g · Eiweiß 2 g · Ballaststoffe 3 g

TIPP

Die restlichen Ananas können Sie in Stücke geschnitten als Nachtisch servieren.

PORREE-APFEL-SALAT

KNACKIGE FRISCHE MIT PIKANTER NOTE

ZUTATEN

3 Stangen	Porree
250 ml	Wasser
2 rote	Äpfel
2 EL	Zitronensaft
12	helle Weintrauben
12	blaue Weintrauben
1 EL	Salatmayonnaise
1 Bund	Dill
	Salz, Pfeffer, Zucker

1 Den Porree putzen, waschen, in feine Ringe schneiden und in Salzwasser bissfest garen. Abtropfen und auskühlen lassen.

2 Die Äpfel waschen, vom Kerngehäuse befreien und in feine Scheiben schneiden, mit 1 EL Zitronensaft beträufeln.

3 Die Weintrauben waschen, halbieren und von großen Kernen befreien.

4 Die Mayonnaise mit den Gewürzen und 1 EL Zitronensaft abschmecken.

5 Den Dill waschen, trocknen und mit der Küchenschere klein schneiden.

6 Die abgetropften Porreeringe, die Apfelringe und die Traubenhälften mischen, auf Portionstellern anrichten und die Mayonnaise darübergießen.

Dazu passen die kernigen Frikadellen (s. S. 56).

Energie 80 kcal · Fett 2 g · Kohlenhydrate 13 g · Eiweiß 2 g · Ballaststoffe 3 g

Bunter ENDIVIENSALAT

VITAMIN-SCHUB, DER SCHMECKT

ZUTATEN

1 Kopf	Endiviensalat
100 g	eingelegte Paprikaschoten
2	Apfelsinen
150 g	Gouda
250 g	Dickmilch
	Salz, Pfeffer, Zucker, Paprikapulver

1 Den Endiviensalat gründlich waschen und in feine Streifen schneiden.

2 Die Paprika abtropfen lassen und in kleine Würfel schneiden.

3 Eine Apfelsine schälen, filetieren und die Filets halbieren.

4 Den Gouda in kleine Würfel schneiden.

5 Die zweite Apfelsine auspressen, den Saft mit der Dickmilch verrühren und würzen.

6 Alle Zutaten in eine Glasschüssel geben und miteinander vermengen.

Zu dem Salat passen gut die Fischfrikadellen mit Dill (s. S. 57).

Energie 240 kcal · Fett 15 g · Kohlenhydrate 11 g · Eiweiß 14 g · Ballaststoffe 4 g

TIPP

Je feiner der Endiviensalat geschnitten ist, desto besser schmeckt er.

145

BROKKOLISALAT

BRAUCHT EINE NACHT ZUM DURCHZIEHEN – LÄSST SICH GUT VORBEREITEN

ZUTATEN

1 Kopf	Brokkoli
100 g	Feta-Käse
50 g	Cashewnüsse
2 EL	Rapsöl
2 EL	Olivenöl
2 EL	Essig
1 TL	Honig
1 TL	Senf
250 g	Cocktailtomaten
	Salz, Pfeffer

1 Den Brokkoli in möglichst kleine Röschen zerteilen und kurz blanchieren, das heißt 2 bis 4 Minuten in kochendem Wasser garen, dann sofort in kaltem Wasser abschrecken.

2 Den Feta-Käse in 1 cm kleine Würfel schneiden. Mit dem Brokkoli in eine Glasschüssel geben.

3 Aus Öl, Essig, Honig, Senf und den Gewürzen ein Dressing herstellen, über den Brokkoli gießen und über Nacht durchziehen lassen.

4 Die Cocktailtomaten waschen, halbieren und mit den Nüssen zum Salat geben.

Hierzu passt Grünkern-Kartoffel-Gratin (s. S. 80).

Energie 305 kcal · Fett 24 g · Kohlenhydrate 10 g · Eiweiß 12 g · Ballaststoffe 5 g

PFANNKUCHEN
mit Porreefüllung

GESUND, HERZHAFT UND AUCH BEI KINDERN BELIEBT

FÜR DIE PFANN-KUCHEN

200 g	Mehl
3	Eier
250 ml	Milch (3,5 %)
1 EL	Rapsöl
	Salz

FÜR DIE FÜLLUNG

3 Stangen	Porree
150 g	Pfifferlinge oder Champignons
1 EL	Rapsöl
100 ml	Sahne
2–3 EL	Sojasoße
1 EL	Senf
100 g	Frischkäse
2 EL	Butter oder Margarine
	Salz, Pfeffer

VARIATION

Die Pfannkuchen können Sie sich auch mit einer Zwiebel-Schinken-Masse füllen.

PFANNKUCHEN

1 Mehl, Eier, Milch und Salz zu einem Pfannkuchenteig verrühren. 15 Minuten quellen lassen.

2 Aus dem Teig in einer beschichteten Pfanne mit wenig Fett 8 kleine Pfannkuchen backen.

FÜLLUNG

1 Porree waschen und in feine Ringe schneiden.

2 Die Pfifferlinge putzen und zum Gemüse geben.

3 Im heißen Öl das Gemüse andünsten, die Sahne zufügen und weiter dünsten, bis die Flüssigkeit verdampft ist.

4 Mit den Gewürzen, dem Senf und der Sojasoße abschmecken.

5 Die Pfannkuchen mit dem Frischkäse bestreichen und die Füllung darauf geben. Aufrollen und in eine gefettete Auflaufform legen, Butter als Flöckchen aufsetzen und bei 200 °C ca. 10 Minuten überbacken.

Schmeckt gut mit einem frischen Salat.

Energie 475 kcal · Fett 26 g · Kohlenhydrate 43 g · Eiweiß 17 g · Ballaststoffe 4 g

SPITZKOHL mit Walnussbrot

EINTOPF MIT BESONDERER NOTE

ZUTATEN

500 g	Spitzkohl
1	rote Paprikaschote
1	Gemüsezwiebel
2 EL	Rapsöl
4	Walnussbrotscheiben
125 ml	Gemüsebrühe
1	Limette oder Zitrone
	Salz, Pfeffer, Kümmel

VARIATION

Wer es deftig mag, kann auch Mettwürstchen dazugeben. In Scheiben schneiden und in heißem Öl anbraten.

1 Den Spitzkohl putzen, den Strunk herausschneiden und den Kohl in feine Streifen schneiden. Waschen und abtropfen lassen.

2 Die Paprikaschote waschen, von Stielansatz und Kerngehäuse befreien und in Ringe schneiden.

3 Die Zwiebel schälen und in feine Würfel schneiden.

4 Das Walnussbrot würfeln und im heißen Öl rösten.

5 Die Gemüsebrühe zum Kochen bringen, Zwiebel und Spitzkohl zufügen, würzen und 10 Minuten köcheln lassen.

6 Den Limetten- oder Zitronensaft zugeben und abschmecken.

7 Den Spitzkohl mit Paprikaringen servieren und die Walnussbrotwürfel dazu reichen.

Energie 270 kcal · Fett 14 g · Kohlenhydrate 26 g · Eiweiß 9 g · Ballaststoffe 8 g

GRÜNKOHL

DEFTIGE WÄRMEQUELLE FÜR KALTE TAGE

ZUTATEN

400 g	Grünkohl
1	Zwiebel
1	Knoblauchzehe
1 EL	Butter oder Margarine
40 g	Grünkernmehl (ersatzweise Vollkornmehl)
250 ml	Gemüsebrühe
2 EL	Sojasoße
200 ml	Sahne
	Kümmel, Salz

VARIATION

Der Kümmel macht den Kohl leichter verdaulich. Wenn Sie Kümmel nicht mögen, lassen Sie ihn weg.

1 Den Grünkohl von den Rippen befreien und in Streifen schneiden.

2 Die Zwiebel und den Knoblauch schälen und in feine Würfel schneiden.

3 Butter erhitzen, Zwiebeln und Knoblauch darin glasig dünsten, das Grünkernmehl zufügen und unter Rühren leicht anrösten.

4 Mit der Gemüsebrühe ablöschen. Die Sojasoße und den Grünkohl zugeben. Das Gemüse 10 Minuten garen lassen.

5 Zum Schluss die Sahne einrühren und abschmecken.

Der Grünkohl passt gut zum Wildschweingeschnetzelten (s. S. 154).

Energie 230 kcal · Fett 19 g · Kohlenhydrate 11 g · Eiweiß 5 g · Ballaststoffe 3 g

KOHLROULADEN

HERRLICH DEFTIGE HAUSMANNSKOST

ZUTATEN

1 Kopf	Weißkohl
1 l	Wasser
1	Zwiebel
1	Ei
2 EL	Paniermehl
500 g	Rindergehacktes
2 EL	Rapsöl
250 ml	Gemüsebrühe
	Salz, Pfeffer, Paprikapulver

TIPP

Am besten gleich mehr Kohlrouladen machen und einfrieren.

1 Den Weißkohl putzen, vom Strunk befreien und in kochendem Salzwasser so lange garen, bis sich die Blätter ablösen lassen. Die Blätter abtropfen lassen und jeweils 2 Blätter ineinander legen.

2 Die Zwiebel schälen und in kleine Würfel schneiden.

3 Das Ei aufschlagen und mit dem Paniermehl mischen. Gewürze, Zwiebel und das Hackfleisch zufügen, alles gut miteinander vermengen.

4 Die Masse auf die Weißkohlblätter verteilen, zu einer Roulade aufrollen und mit einer Rouladennadel feststecken oder mit Garn umwickeln.

5 Öl erhitzen und die Kohlrouladen darin rundherum braun anbraten. Mit der Gemüsebrühe ablöschen und 30 bis 40 Minuten schmoren lassen.

Energie 370 kcal · Fett 25 g · Kohlenhydrate 12 g · Eiweiß 31 g · Ballaststoffe 6 g

WIRSING-KARTOFFEL-AUFLAUF

HERZHAFTES OFENGERICHT, DAS IMMER GELINGT

ZUTATEN

500 g	Kartoffeln
750 g	Wirsing
200 g	Champignons
2	Schalotten oder Zwiebeln
2 EL	Rapsöl
200 ml	Gemüsebrühe
200 ml	Sahne
4	Eier
200 g	geriebener Käse (z. B. Emmentaler)
	Pfeffer, Salz, Muskat

VARIATION

Deftiger wird es, wenn Sie in Streifen geschnittenes Kassler oder geräucherte Mettenden dazugeben. Getrocknete Tomaten, in Streifen geschnitten, geben eine pikante Note.

1 Die Kartoffeln gründlich abbürsten, in leicht gesalzenem Wasser 15 bis 20 Minuten garen. Abgießen und auskühlen lassen, pellen und in Scheiben schneiden.

2 Wirsing in feine Streifen schneiden.

3 Champignons putzen und blättrig schneiden.

4 Die Schalotten schälen und in kleine Würfel schneiden. Das Gemüse in heißem Öl anschwitzen und würzen. Mit der Gemüsebrühe ablöschen und ca. 10 Minuten garen; abtropfen lassen.

5 Die Kartoffelscheiben in eine gefettete Auflaufform legen, das Gemüse zugeben.

6 Sahne und Eier verquirlen und würzen. Die Mischung über das Gemüse gießen.

7 Den Käse darüberstreuen und bei 180 °C ca. 30 Minuten backen.

Energie 590 kcal · Fett 42 g · Kohlenhydrate 23 g · Eiweiß 29 g · Ballaststoffe 6 g

WILDSCHWEINGESCHNETZELTES

EDLE SPEISE FÜR BESONDERE TAGE

ZUTATEN

800 g	Wildschweinbraten
50 g	Butter
2	Zwiebeln
2 TL	Tomatenmark
200 ml	Rotwein
200 ml	Sahne
1	Lorbeerblatt
20 g	Mehl
2 EL	Quitten-, Johannisbeer- oder Preiselbeergelee
	Salz, Pfeffer,
3	Wacholderbeeren

1 Den Wildschweinbraten waschen und trocken tupfen, in dünne Scheiben und dann in feine Streifen schneiden. Portionsweise in einem Bräter in 30 g Butter scharf anbraten. Den Bratensatz jedes Mal mit etwas Wasser lösen.

2 Die Zwiebeln schälen, fein würfeln, anbraten, Tomatenmark zugeben. Wein und Sahne angießen, Fleisch, Lorbeerblatt und Bratensatz dazugeben und mit Salz, Pfeffer und Wacholderbeeren würzen. Bei milder Hitze 30 Minuten garen.

3 Die restliche Butter und Mehl miteinander verkneten und nach und nach im Geschnetzelten unter ständigem Rühren auflösen. Einige Minuten kochen lassen. Das Quittengelee dazugeben, mit Salz und Pfeffer nochmals abschmecken.

Dazu schmecken sehr gut Birnen, gefüllt mit Preiselbeeren.

Energie 650 kcal · Fett 45 g · Kohlenhydrate 14 g · Eiweiß 41 g · Ballaststoffe 1 g

TIPP

Mehlbutter wird zum Binden von Soßen verwendet. Dafür Mehl und weiche Butter zu gleichen Teilen gründlich zusammenkneten. Zur Bindung von Soßen wird ein Stück der kalten Mehlbutter in die heiße Flüssigkeit eingerührt. Dabei schmilzt die Butter durch die Hitze der Flüssigkeit, die Mehlteilchen gehen allmählich in die Soße über und binden sie. Durch die allmähliche Bindung mit Mehlbutter entstehen keine Klümpchen.

Szegediner GULASCH

ALTES REZEPT – IMMER WIEDER EIN GENUSS

ZUTATEN

4	Zwiebeln
500 g	Schweinegulasch
1 EL	Rapsöl
1 EL	Paprikapulver
½ TL	Kümmel
250 ml	Gemüsebrühe
500 g	Sauerkraut
200 ml	saure Sahne

1 Die Zwiebel schälen und in Würfel schneiden.

2 Zusammen mit dem Gulasch im heißen Fett anbraten.

3 Würzen und mit der Gemüsebrühe ablöschen.

4 Das Sauerkraut hinzufügen. 45 Minuten köcheln lassen und dabei gelegentlich umrühren.

5 Die saure Sahne zufügen und abschmecken.

Hierzu schmecken sehr gut Kartoffelklöße (s. S. 168).

Energie 425 kcal · Fett 33 g · Kohlenhydrate 5 g · Eiweiß 26 g · Ballaststoffe 3 g

PORREE-FISCH-GRATIN

FEINER FISCH FÜR DIE GANZE FAMILIE

ZUTATEN

4	Seelachsfiletscheiben
125 ml	Weißwein
750 g	Porree
80 g	Schinkenwürfel
1 EL	Rapsöl
200 g	geriebener Käse (z. B. Edamer)
50 ml	Sahne
	Salz, Pfeffer, Cayennepfeffer

VARIATION

Statt Weißwein können Sie auch Gemüsebrühe verwenden.

1 Die Seelachsfilets abspülen, würzen und in eine gefettete Auflaufform legen. Den Wein dazugeben.

2 Den Porree putzen, waschen und in feine Ringe schneiden, mit den Schinkenwürfeln im heißen Öl anbraten und würzen.

3 Alles über dem Fisch verteilen.

4 Den geriebenen Käse darüberstreuen und bei 200 °C 30 Minuten backen.

5 Die Sahne darüberträufeln und weitere 5 Minuten backen.

Hierzu schmecken Salzkartoffeln oder Kartoffelpüree.

Energie 515 kcal · Fett 29 g · Kohlenhydrate 5 g · Eiweiß 59 g · Ballaststoffe 2 g

157

OFEN-MILCHREIS mit Kirschen

KINDERTRAUM – AUCH FÜR ERWACHSENE

ZUTATEN

ca. 680 g	Sauerkirschen (1 Glas)
500 ml	Milch (3,5 %)
100 g	Milchreis
4–5 EL	Zucker
2	Eier
1 Msp.	Vanillemark
250 g	Magerquark
2 EL	Butter oder Margarine
1 Prise	Salz
	Zucker-Zimt-Mischung

1 Die Kirschen abtropfen lassen. Den Saft auffangen.

2 Milch und 1 Prise Salz aufkochen lassen, dann den Milchreis und 2 EL Zucker dazugeben.

3 Zugedeckt 30 bis 40 Minuten quellen lassen. Dabei häufig umrühren. Anschließend den Reis abkühlen lassen.

4 Die Eier mit dem restlichen Zucker cremig schlagen.

5 Vanillemark, Reis, Quark und Kirschen dazugeben und alles miteinander verrühren.

6 Die Masse in eine Auflaufform füllen, Butterflöckchen aufsetzen und im Backofen 20 bis 30 Minuten bei 180 °C backen.

7 Die Zucker-Zimt-Mischung darüberstreuen und lauwarm servieren.

Energie 440 kcal · Fett 12 g · Kohlenhydrate 63 g · Eiweiß 18 g · Ballaststoffe 1 g

TIPP

Mischen Sie den Saft der Sauerkirschen mit Wasser. Das ergibt ein erfrischendes Getränk.

APFELSINENGRATIN

SÜSS, FRUCHTIG, WARM – EIN ECHTES WINTERVERGNÜGEN

ZUTATEN

90 g   Puderzucker
1 Msp.   Vanillemark
1   Zitrone, unbehandelt
600 g   Apfelsinen
2   Eier
250 g   Speisequark (20 %)
1 TL   Butter oder Margarine

VARIATION

Aus den angegebenen Zutaten lässt sich auch eine Quarkspeise zubereiten. In diesem Fall werden die Eier durch 2 EL geschlagene Sahne ersetzt. Anstelle von Apfelsinen können Sie auch Erdbeeren, Grapefruit, Weintrauben, Himbeeren oder Johannisbeeren verwenden.

1 Puderzucker durch ein Sieb streichen und mit dem Vanillemark mischen.

2 Die Zitrone waschen und trocknen, dann ein Viertel der Schale abreiben.

3 Apfelsinen schälen und filetieren.

4 Die Eier trennen. Das Eiweiß zu festem Schnee schlagen, das Puderzuckergemisch einrieseln lassen und unterheben.

5 Speisequark, Eigelb und die Zitronenschale verrühren.

6 Eischnee vorsichtig unter die Quarkmischung heben.

7 Gratinförmchen mit der zerlassenen Butter bestreichen und die Quarkmasse einfüllen, glatt streichen.

8 Mit den Apfelsinenfilets belegen.

9 Im vorgeheizten Ofen bei 200 °C rund 10 bis 15 Minuten goldbraun überbacken.

Energie 250 kcal · Fett 7 g ·
Kohlenhydrate 34 g ·
Eiweiß 12 g · Ballaststoffe 2 g

TIPP
Eine Kugel Pistazieneis bildet einen schönen Farbkontrast.

WINTER-CRUMBLE

SCHMECKT BESONDERS GUT, WENN ES DRAUSSEN KALT IST

ZUTATEN

4	Äpfel
100 ml	Saft einer Apfelsine
60 g	Butter oder Margarine
60 g	brauner Zucker
2 TL	Zimt
100 g	Mehl
1 Msp.	Vanillemark

VARIATION

Anstelle von Äpfeln eignet sich auch anderes Obst, sodass Sie den Crumble zu jeder Jahreszeit servieren können. Wenn Sie statt des Zimts Lebkuchengewürz benutzen, erhält der Crumble eine weihnachtliche Note. Sie können zusätzlich auch 50 g geröstete Mandeln zufügen.

1 Die Äpfel waschen, schälen und in kleine Stücke schneiden.

2 Die Äpfel in 1 EL Butter dünsten, mit dem Apfelsinensaft ablöschen und weitere 5 Minuten garen.

3 Für die Streusel die restliche Butter schmelzen lassen und mit dem Zucker, Mehl, Zimt und Vanillemark zu Streuseln verarbeiten.

4 Die Äpfel in eine gefettete Auflaufform geben und mit den Streuseln bestreuen. Bei 200 °C 20 bis 30 Minuten backen.

Energie 335 kcal · Fett 13 g · Kohlenhydrate 52 g · Eiweiß 3 g · Ballaststoffe 3 g

Gedeckter APFELKUCHEN

DER KLASSIKER FÜR DIE GANZE FAMILIE UND LIEBE GÄSTE

ERGIBT 12 STÜCKE

ZUTATEN

250 g	Mehl
1 TL	Backpulver
125 g	Butter oder Margarine
75 g	Zucker
1 kg	Äpfel (am besten Boskop)
	Butter, Semmelbrösel

VARIATION

Sie können auch Rosinen und/oder Zimt unter die Apfelmischung geben.

1 Das Mehl mit dem Backpulver in eine Schüssel geben.

2 Butter und Zucker zugeben und mit dem Handrührgerät zu einem Mürbeteig verkneten.

3 Den Teig halbieren und dünn ausrollen. Die Springform leicht aufsetzen und daran entlang den Kreis aus dem Teig schneiden. Kurz zur Seite legen, er kommt als Deckel auf den Kuchen.

4 Den restlichen Teig ausrollen, noch mal die Springform aufsetzen und den Kreis ausschneiden. In die gefettete, mit Semmelbrösel ausgestreute Springform geben.

5 Den Teig kurz vorbacken, bis er goldgelb ist.

6 Aus dem restlichen Teig eine kleine Rolle formen und rundherum gegen die Seitenwand drücken.

7 Die Äpfel waschen, schälen und in kleine Stücke schneiden, diese auf den Boden verteilen.

8 Den Rand umschlagen und den Deckel aufsetzen.

9 Den Kuchen bei 180 °C 20 bis 30 Minuten backen.

Pro Stück: Energie 220 kcal · Fett 9 g · Kohlenhydrate 32 g · Eiweiß 2 g · Ballaststoffe 2 g

TIPP
Verzieren Sie nach dem Backen die Decke mit einem Zuckerguss.

SPEKULATIUS

ZARTE LECKEREI ZUR WEIHNACHTSZEIT

ZUTATEN

100 g	Butter
180 g	Zucker
1 Msp.	Kardamom, gemahlen
1 Msp.	Nelken, gemahlen
½ TL	Zimt, gemahlen
1 Prise	Salz
40 ml	Milch (3,5 %)
270 g	Mehl
1 Msp.	Backpulver

VARIATION

Wer mag, kann 70 Gramm Mehl durch gemahlene Mandeln oder Walnüsse ersetzen. Ebenfalls sehr lecker: Gehobelte Mandeln auf das Backblech streuen, die Spekulatius leicht in die Mandeln drücken und dann backen.

1 Butter und Zucker schaumig schlagen. Kardamom, Nelken und Zimt sowie eine Prise Salz hinzugeben. Danach die Milch unterrühren.

2 Das Mehl mit dem Backpulver mischen und in kleinen Portionen dazugeben. Alles zu einem glatten Teig verkneten, zu einer Kugel formen und über Nacht in Frischhaltefolie gewickelt kühl stellen.

3 Den Teig dünn ausrollen und mit Spekulatiusformen ausstechen. Wenn Sie Holzmodel benutzen, sollten Sie sie gut mit Mehl ausstäuben. Den überstehenden Teig abschneiden und die Spekulatiusstücke aus dem Model schlagen oder mit einem kleinen Messer herausnehmen.

4 Das Backblech mit Backpapier auslegen, die Stücke darauf verteilen und bei 170 °C für 8 bis 10 Minuten backen.

Ergibt gut 500 Gramm Spekulatius.

Pro Stück: Energie 40 kcal · Fett 2 g · Kohlenhydrate 6 g · Eiweiß 1 g · Ballaststoffe 0 g

TIPP

Spekulatiusgewürz gibt es im Handel auch als fertige Mischung. Wenn Sie keine Model zur Hand haben, können Sie auch andere Formen benutzen.

Weihnachtsmenü

Suppe
TOMATENSUPPE MIT MAIS

Hauptspeise
SAUERBRATEN
MIT KARTOFFELKLÖSSEN UND ROTKOHL

Dessert
HERRENCREME

SUPPE
Tomatensuppe mit Mais

ZUTATEN

1	kleine Zwiebel
30 g	Butter
30 g	Mehl
750 ml	Gemüsebrühe
ca. 140 g	Tomatenmark (1 Dose)
ca. 280 g	Mais (1 Dose)
100 ml	geschlagene Sahne
4 Blätter	Basilikum
	Salz, Pfeffer

1 Die Zwiebel schälen und in feine Würfel schneiden. Die Butter schmelzen und die Zwiebel darin glasig anschwitzen.

2 Das Mehl zugeben und verrühren, bis sich ein weißer Belag am Topfboden bildet. Mit der Gemüsebrühe ablöschen.

3 Die Suppe würzen, das Tomatenmark zufügen und einmal aufkochen lassen.

4 Den Mais gut abtropfen lassen und zufügen.

5 Vor dem Servieren einen Klecks geschlagene Sahne dazugeben. Mit einem Blatt Basilikum verzieren.

Energie 230 kcal · Fett 15 g · Kohlenhydrate 18 g · Eiweiß 5 g · Ballaststoffe 3 g

TIPP Es können auch noch geröstete Schinkenwürfel zugefügt werden. Dann eignet sich die Suppe als Abendimbiss.

Sauerbraten

ZUTATEN

1 kg	Rinderschmorbraten
250 ml	Weinessig
1 TL	Salz
500 ml	Wasser
1–2	Zwiebeln
5	Pfefferkörner
1	Nelke
1	Lorbeerblatt
1 EL	Zucker
2 EL	Rapsöl
	ggf. Mehl zum Binden

VARIATION

Wer mag, kann zum Schluss 100 g Rosinen und 2 EL Zuckerrübensirup in die Soße geben.

1 Für den Sud das Wasser, den Essig und die Gewürze zum Kochen bringen.

2 Die Zwiebel schälen, in Ringe schneiden und auch dazugeben. Das Ganze einmal aufkochen und dann abkühlen lassen.

3 Das Fleisch für mindestens 3 Tage in den ausgekühlten Sud legen. Das Fleisch täglich umdrehen.

4 Das Fleisch abtropfen lassen und im heißen Öl von allen Seiten kräftig anbraten. Mit dem Sud ablöschen und ca. 2 Stunden schmoren lassen. Dabei gelegentlich wenden und begießen.

5 Das Fleisch herausnehmen, kurz ruhen lassen, dann in Scheiben schneiden.

6 Die Soße durch ein Sieb geben, wenn nötig, mit Mehl binden.

Energie 410 kcal · Fett 19 g · Kohlenhydrate 5 g · Eiweiß 51 g · Ballaststoffe 0 g

TIPP Nach dem Braten das Fleisch ca. 5 Minuten auf einer Wärmeplatte ruhen lassen, damit beim Aufschneiden nicht zu viel Fleischsaft austritt.

BEILAGE
Kartoffelklöße

ZUTATEN
600 g	Kartoffeln
150 g	Mehl
1	Ei
	Salz, Pfeffer, Muskat

VARIATION
Es können auch angeröstete Schinkenwürfel oder geröstete Zwiebeln sowie Kräuter als Geschmacksträger unter die Kartoffelmasse gegeben werden.

1 Die Kartoffeln waschen, putzen und 20 bis 30 Minuten garen. Danach pellen und noch heiß durch eine Kartoffel- oder Spätzlepresse drücken oder mit dem Kartoffelstampfer zerkleinern.

2 Alle Zutaten gut verkneten und abschmecken. Der Teig sollte sich trocken anfühlen und gut formbar sein. Bei zu feuchtem Teig noch ein wenig Mehl einarbeiten.

3 Mit feuchten Händen kleine Klößchen formen und diese in reichlich Salzwasser 10 bis 15 Minuten gar ziehen.

Energie 235 kcal · Fett 2 g · Kohlenhydrate 46 g · Eiweiß 8 g · Ballaststoffe 3 g

BEILAGE
Rotkohl

ZUTATEN
750 g	Rotkohl
2	Äpfel
2 EL	Essig
75 ml	Wasser
2 EL	Johannisbeergelee
	Salz, Pfeffer, Nelken
	Saft einer halben Zitrone

VARIATION
Die Äpfel können Sie durch Esskastanien ersetzen. Sie können auch eine Zwiebel, die mit Lorbeerblatt und Nelke gespickt ist, mitkochen lassen.

1 Den Rotkohl putzen, waschen und in feine Streifen schneiden.

2 Die Äpfel waschen, vom Kerngehäuse befreien und in Scheiben schneiden, mit dem Zitronensaft beträufeln.

3 Den Rotkohl mit Essig, Wasser und den Gewürzen zum Kochen bringen. 30 Minuten garen.

4 Die Apfelscheiben und das Johannisbeergelee zugeben, weitere 10 Minuten garen. Abschmecken.

Energie 95 kcal · Fett 0 g · Kohlenhydrate 20 g · Eiweiß 2 g · Ballaststoffe 5 g

TIPP
Rotkohl eignet sich gut als Beilage zu Wild oder Schweinebraten.

Herrencreme

ZUTATEN

1	Ei
100 g	Zucker
1 Pk.	Puddingpulver (Vanille) zum Kochen
500 ml	Milch (3,5 %)
200 ml	Sahne
3 EL	Rum
100 g	Zartbitterschokolade, gerieben
1 Prise	Salz

VARIATION

Für das Essen mit Kindern lassen Sie den Rum einfach weg.

1 Das Ei aufschlagen und mit dem Zucker und Salz zu einer sehr cremigen Masse aufschlagen.

2 Anschließend das Puddingpulver dazugeben und verrühren.

3 Mit der Milch auffüllen und das Ganze unter ständigem Rühren zum Kochen bringen. Einmal aufkochen lassen.

4 Abkühlen lassen und dabei immer wieder kurz umrühren.

5 Die Sahne steif schlagen und unter die ausgekühlte Creme ziehen.

6 Den Rum unterrühren. Die Creme in eine Glasschüssel füllen und mit der geriebenen Schokolade verzieren.

Energie 550 kcal · Fett 29 g · Kohlenhydrate 49 g · Eiweiß 9 g · Ballaststoffe 2 g

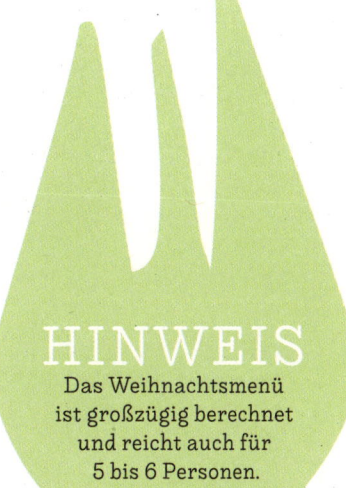

HINWEIS
Das Weihnachtsmenü ist großzügig berechnet und reicht auch für 5 bis 6 Personen.

Anhang

* Hier werden nur
Hauptzutaten der
Gerichte aufgeführt.

**Verbraucherzentrale
Baden-Württemberg e. V.**
Paulinenstraße 47
70178 Stuttgart
Telefon: 0 18 05/50 59 99
*(0,14 €/Min., Mobilfunkpreis
maximal 0,42 €/Min.)*
Fax: 07 11/66 91-50
www.vz-bawue.de

**Verbraucherzentrale
Bayern e. V.**
Mozartstraße 9
80336 München
Telefon: 0 89/5 39 87-0
Fax: 0 89/53 75 53
www.verbraucherzentrale-
bayern.de

**Verbraucherzentrale
Berlin e. V.**
Hardenbergplatz 2
10623 Berlin
Telefon: 0 30/2 14 85-0
Fax: 0 30/2 11 72 01
www.vz-berlin.de

**Verbraucherzentrale
Brandenburg e. V.**
Templiner Straße 21
14473 Potsdam
Telefon: 03 31/2 98 71-0
Fax: 03 31/2 98 71-77
www.vzb.de

**Verbraucherzentrale
Bremen e. V.**
Altenweg 4
28195 Bremen
Telefon: 04 21/1 60 77-7
Fax: 04 21/1 60 77 80
www.verbraucherzentrale-
bremen.de

**Verbraucherzentrale
Hamburg e. V.**
Kirchenallee 22
20099 Hamburg
Telefon: 0 40/2 48 32-0
Fax: 0 40/2 48 32-290
www.vzhh.de

**Verbraucherzentrale
Hessen e. V.**
Große Friedberger Straße 13–17
60313 Frankfurt/Main
Telefon: 0 18 05/97 20 10
*(0,14 €/Min., Mobilfunkpreis
maximal 0,42 €/Min.)*
Fax: 0 69/97 20 10-40
www.verbraucher.de

**Verbraucherzentrale
Mecklenburg-Vorpommern e. V.**
Strandstraße 98
18055 Rostock
Telefon: 03 81/2 08 70 50
Fax: 03 81/2 08 70 30
www.nvzmv.de

**Verbraucherzentrale
Niedersachsen e. V.**
Herrenstraße 14
30159 Hannover
Telefon: 05 11/ 9 11 96-0
Fax: 05 11/9 11 96-10
www.verbraucherzentrale-
niedersachsen.de

**Verbraucherzentrale
Nordrhein-Westfalen e. V.**
Mintropstraße 27
40215 Düsseldorf
Telefon: 02 11/38 09-0
Fax: 02 11/38 09-216
www.vz-nrw.de

**Verbraucherzentrale
Rheinland-Pfalz e. V.**
Seppel-Glückert-Passage 10
55116 Mainz
Telefon: 0 61 31/28 48-0
Fax: 0 61 31/28 48-66
www.verbraucherzentrale-rlp.de

**Verbraucherzentrale
des Saarlandes e. V.**
Trierer Straße 22
66111 Saarbrücken
Telefon: 06 81/5 00 89-0
Fax: 06 81/5 00 89-22
www.vz-saar.de

**Verbraucherzentrale
Sachsen e. V.**
Katharinenstraße 17
04109 Leipzig
Telefon: 03 41/69 62 90
Fax: 03 41/6 89 28 26
www.verbraucherzentrale-
sachsen.de

**Verbraucherzentrale
Sachsen-Anhalt e. V.**
Steinbockgasse 1
06108 Halle
Telefon: 03 45/2 98 03-29
Fax: 03 45/2 98 03-26
www.vzsa.de

**Verbraucherzentrale
Schleswig-Holstein e. V.**
Andreas-Gayk-Straße 15
24103 Kiel
Telefon: 04 31/5 90 99-0
Fax: 04 31/5 90 99-77
www.verbraucherzentrale-sh.de

**Verbraucherzentrale
Thüringen e. V.**
Eugen-Richter-Straße 45
99085 Erfurt
Telefon: 03 61/5 55 14-0
Fax: 03 61/5 55 14-40
www.vzth.de

**Verbraucherzentrale
Bundesverband e. V.**
Markgrafenstraße 66
10969 Berlin
Telefon: 0 30/2 58 00-0
Fax: 0 30/2 58 00-518
www.vzbv.de

Claudia Boss-Teichmann

arbeitet als freie Autorin, Journalistin und Lektorin. Ihre Schwerpunkte sind Themen rund um das Kochen und die Ernährung. Sie hat bereits zahlreiche Ratgeber zu Ernährungsthemen sowie Kochbücher veröffentlicht.

Marita van Koeverden-Göbel

ist seit rund 20 Jahren Mitglied des Land-Frauenverbands und engagiert sich im Vorstand ihres Ortsvereins der Rheinischen LandFrauen. Die gelernte Wirtschafterin lebt in Kevelaer und unterrichtet als Lehrerin für Hauswirtschaft an einer Sekundarschule. Zudem ist sie als Botschafterin für die Milchwirtschaft tätig. Sie ist Ernährungsfachfrau und unterstützt mit Handpuppe „Kater Cook" Lehrkräfte an Grundschulen bei der Umsetzung des Ernährungsführerscheins für Kinder. Außerdem ist sie Mitautorin von zwei regionalen Kochbüchern.

Monika Mott

wurde auf einem landwirtschaftlichen Betrieb groß und ist ausgebildete Wirtschafterin. Seit 25 Jahren lebt sie mit ihrer Familie auf dem eigenen Hof mit Landwirtschaft in Bedburg-Hau, wo sie nicht nur Obst und Gemüse selbst anbaut, sondern auch Auszubildende in der Landwirtschaft betreut. Sie ist Vorsitzende des Ortsvereins Hau der Rheinischen LandFrauen und langjähriges Mitglied des LandFrauenverbands. Die leidenschaftliche Köchin experimentiert gern und gibt ihr Wissen seit fast 20 Jahren in Kochkursen weiter.

Christian Hacker

Der gebürtige Nürnberger studierte an der Staatlichen Fachakademie für Fotodesign in München. Geprägt von starkem geografischen Interesse widmete er sich über längere Zeit verschiedenen Landschaftsthemen. Parallel war er redaktionell und als Fotoassistent tätig bei Münchner Architektur- und Werbefotografen. Seit einigen Jahren konzentriert er sich vor allem auf das Wahrnehmen und Abbilden von Stimmungen. Außerdem ist Christian Hacker ein begeisterter Sammler: Er fertigt Produkte aus recycelten Materialien und bearbeitet natürliche Skulpturen aus Holz. Christian Hacker lebt in Berlin.

IMPRESSUM

Herausgeber
Verbraucherzentrale Nordrhein-
Westfalen e.V. (VZ NRW)
Mintropstraße 27, 40215 Düsseldorf
Telefon: 02 11/38 09-5 55
Telefax: 02 11/38 09-2 35
E-Mail: publikationen@vz-nrw.de
www.vz-nrw.de

Rezepte
Monika Mott
Marita van Koeverden-Göbel

Text
Claudia Boss-Teichmann

Fotograf
Christian Hacker, Berlin

Koordination
Kathrin Nick, Wibke Westerfeld

Fachliche Betreuung
Ursula Plitzko

Nährwertberechnung
Luisa Cameli

Projektbetreuung
Mendlewitsch//
Text/Buch/Konzept

Produktion
Werkstatt München GbR

Designkonzept & Gestaltung
Arndt Knieper, München

Umschlaggestaltung
Arndt Knieper, München

Satz
Werkstatt München GbR,
Anja Dengler

Druck und Bindung:
Stürtz GmbH, Würzburg

Bildnachweis
Fotoproduktion: Christian Hacker
Weitere Fotos: http://www.regional-
fenster.de: S. 16, Michael Balderas,
iStock-Photo: S.17, Kucharz/ullstein
bild: S. 36, Achim Multhaupt/laif:
S. 68, Uwe Schmid/www.image-box.
com: S. 102, ddp images: S. 136

Redaktionsschluss
Februar 2014